Écrire à Montréal

DU MÊME AUTEUR

CHEZ LE MÊME ÉDITEUR

La Prose de Rimbaud, essai
La Vie réelle, nouvelles
L'Amateur de musique, essais
Une mission difficile, roman

CHEZ D'AUTRES ÉDITEURS

Le Poids de Dieu, roman
Une littérature qui se fait, essais
Retour à Coolbrook, roman
Présence de la critique, anthologie
Le Temps des poètes, essai
Les Bonnes Rencontres, chroniques littéraires
Un voyage, roman
Le Roman à l'imparfait, essai
Anthologie de la littérature québécoise
La Littérature et le reste, essai (avec André Brochu)
Littérature et circonstances, essais
De la littérature avant toute chose, entretiens

Gilles Marcotte

Écrire à Montréal

Boréal
COLLECTION PAPIERS COLLÉS

Les Éditions du Boréal remercient le Conseil des Arts du Canada
et la SODEC pour leur soutien financier.

Illustration de la couverture : Marie-Danielle Leblanc, *Là, où la vie commence, elle se termine*, 1997.

Dépôt légal : 4e trimestre 1997
Bibliothèque nationale du Québec

Diffusion au Canada : Dimedia
Diffusion et distribution en Europe : Les Éditions du Seuil

Données de catalogage avant publication (Canada)
Marcotte, Gilles, 1925-

Écrire à Montréal
(Collection Papiers collés)
ISBN 2-89052-866-9

1. Montréal (Québec) – Vie intellectuelle – Miscellanées. 2. Montréal (Québec) – Miscellanées.
I. Titre. II. Collection.

FC2947.394.M37 1997 971.4'28 C97-941287-0
F1054.5.M85M37 1997

Introduction

Écrire à Montréal, qu'est-ce à dire ? Écrit-on différemment si l'on vit à Paris, à Tokyo ou à Grand Rapids ? L'écriture elle-même, la décision d'écrire, l'action d'écrire, a-t-elle, dans des villes différentes, le même poids, la même signification ? Me trouvant à Paris, à l'occasion d'un voyage ou d'un séjour un peu plus long, j'y ai été souvent surpris par le goût d'écrire, par l'impression que dans une telle ville l'écriture me serait plus naturelle, favorisée par l'atmosphère générale. Paris est par excellence, pour moi qui suis de langue française, la ville où l'on écrit.

Par ailleurs, il m'a toujours semblé que si j'étais resté à Sherbrooke, ma ville natale, j'aurais écrit différemment, autre chose, et peut-être même n'aurais-je pas écrit du tout, du moins au sens que l'écriture a pour moi aujourd'hui. Je sais la part d'illusion que transportent ces sentiments, plus en ce qui concerne Paris que Sherbrooke, parce que la première, à cause de mon éducation, de mes premiers pas dans l'univers de la littérature et de ce que je lis encore maintenant, joue dans mon existence le rôle d'un mythe qui produit plus de rêverie que d'écriture. Très peu d'écrivains québécois ont écrit à Paris. L'air linguistique y est peut-être trop pur, l'espace de réception trop vaste. Écrire à Montréal, c'est — si réfractaire que l'on soit à l'action des groupes, si parfaitement solitaire qu'on se veuille — s'inscrire dans une institution littéraire plus exiguë, plus incertaine de ses moyens et de ses fins, mais bien structurée, assurée de son existence. On obtiendra peut-être, en bout de ligne, le Goncourt, le Fémina ou le Médicis, mais ce sera là pour ainsi dire un accident de parcours, et le parcours, l'œuvre demeureront pour l'essentiel québécois, ou montréalais (il faudra revenir sur ces adjectifs). C'est à la critique du *Devoir* et de *La Presse* qu'on a affaire, essentiellement; c'est chez Renaud-Bray, chez Champigny, que se décident les chiffres des ventes; être invité à l'émission *Plaisir de lire*, ce n'est pas paraître chez Pivot. Et puis, ma foi, regardez la ville. Gaston Miron, revenant d'un assez long séjour à Paris au début des années soixante, s'en allait criant de sa forte voix dans les rues de la métropole : « C'est pas une ville, c'est un garage ! » On peut très bien aimer sa ville, et crier des choses comme celle-là. Écoutez, aussi bien, la langue qui se parle à Montréal, la française d'abord, parfois assez mal en point, et l'anglaise qui malgré toutes lois et tous règlements existe fortement à Montréal, et se fraie un chemin jusqu'au cœur même de la langue dominante. Je donne ces indications en vrac, sans tenter d'en faire un système et d'en tirer des conclusions fermes quant à la nature de la production littéraire montréalaise. Mais je ne puis pas m'enlever de la tête que la question du lieu, du lieu urbain, n'est pas indifférente à celle de l'écriture.

Écrire à Montréal, ce n'est pas obligatoirement écrire sur Montréal, le mettre en scène, en thèmes. C'est, parfois, décrire objectivement, comme le fait Gabrielle Roy, un lieu précis, une circonstance déterminée, sans insister sur les caractéristiques propres de la ville :

> À cette heure, Florentine s'était prise à guetter la venue du jeune homme qui, la veille, entre tant de propos railleurs, lui avait laissé entendre qu'il la trouvait jolie. La fièvre du bazar montait en elle…

Ou, comme Jean Basile commençant *Les Voyages d'Irkoutsk*, laisser Montréal entrer dans la conscience comme une pure image :

> C'est-à-dire que je vois cette image-danger d'avoir manqué, moi, Judith, d'être légère comme la plume et non pas comme l'oiseau, ce fou (fût-il de Bassan) que l'on remarque parfois perdu, volant sur le fleuve Saint-Laurent entre l'île Sainte-Hélène et les docks de la brasserie Molson […].

Mais c'est également, et en toute légitimité, écrire un roman haïtien, comme Émile Ollivier et Dany Laferrière, un roman sud-américain, comme Sergio Kokis, ou transporter le lecteur dans une Chine aussi étrangère que possible, comme le fait Ying Chen dans *L'Ingratitude* :

> Ils jettent mon corps sur un petit lit roulant, au milieu d'une salle blanche et sans fenêtres. Leurs mouvements sont brusques. Ils me traitent de criminelle. Quand maman n'est pas là, ils ne dissimulent pas leur dégoût.

Ou, enfin, comme dans *La Vie en prose* de Yolande Villemaire, conjuguer les rumeurs diverses de la ville :

> Vava dit que, bien sûr, il y a des choses qui arrivent, et tout ça. Maud dit que c'est même meilleur que *L'une chante, l'autre pas* ou que *Three Women*. Même que *Duelle*, même qu'*India Song*. Même qu'*Anastasie oh ma chérie*. Nane ne l'a pas encore vu mais c'est tout comme tellement on lui en a parlé. Elle veut qu'on dise encore comment c'est beau quand elle chante…

Je pourrais, en continuant sur cette lancée, aligner cinquante débuts de romans (ou de poèmes) qui, dans leur variété, par leur variété, diraient ensemble une seule chose : Montréal est une assez vaste possibilité, une possibilité plurielle, *générale* d'écriture. Je n'en dirai pas autant de Québec, malgré Roger Lemelin, Jacques Poulin et Pierre Morency, ou plutôt à cause d'eux : ils ont fait de la Vieille Capitale un lieu d'écriture à la fois chaleureux et clos, qui échappe en partie aux ravages spécifiques de l'inquiétude urbaine. L'écrivain de Québec est une exception ; ce n'est pas, pour un écrivain, un mauvais titre, et peut-être obtient-il de ce caractère exceptionnel une grâce qui se trouve plus rarement dans la métropole. À Montréal, au contraire, l'écrivain est immergé dans le divers, le pluriel, le mélange, l'incertain, l'incomplet. C'est là que se fait principalement la littérature dite québécoise, mais il semble qu'elle n'ait pas tout à fait la même figure, le même sens, quand on change d'adjectif et qu'on lui accole du *montréalais*[1]. Je sais : il serait assez absurde de parler d'une littérature parisienne, pour la distinguer de la française ; ou de littérature londonienne, new-yorkaise, romaine... Mais nous avons peut-être, nous, quelques raisons d'opérer une telle distinction, du moins comme un outil de travail, pour désigner une réalité que les appellations habituelles ont tendance à oblitérer. La première raison, déjà formulée, est la part de plus en plus importante que prennent dans la production

1. Monique LaRue, s'adressant à un ami écrivain plus ou moins imaginaire, dans *L'Arpenteur et le Navigateur*, coll. « Les grandes conférences », Fides, 1996 : « Mon ami écrivain, lui disais-je, en pensée, tu t'imagines peut-être que les auteurs d'origine étrangère ne peuvent pas s'intégrer, s'assimiler à la littérature québécoise, parce que tu n'arrives pas à imaginer quelle serait cette littérature autrement, si elle était montréalaise, par exemple, je veux dire, si on tentait d'imaginer réellement ce que pourrait être une littérature liée à une ville comme Montréal et non pas au groupe ethnique ou à l'histoire du groupe canadien-français telle que passée » (p. 25).

littéraire plusieurs arrivés récents, et souvent, comme Ying Chen, sans aucun souci d'adaptation locale, nationale, en ne prenant ici que des leçons de langue. C'est là, de toute évidence, un phénomène essentiellement montréalais. La deuxième est peut-être plus importante, et plus difficile à accepter parce qu'elle heurte des habitudes de pensée et des sentiments très forts : la présence d'œuvres de langue anglaise, d'une valeur éminente, dans l'écriture montréalaise. Est-il possible, légitime de parler du Montréal littéraire en écartant des œuvres aussi riches que celles de Stephen Leacock, A. M. Klein, Hugh McLennan, Mordecai Richler, Irving Layton, David Solway, Frank Scott, pour ne citer que celles-là[2] ? À cause de leur langue, ces œuvres ne font pas partie du corpus consacré de la littérature dite québécoise. Mais, à Montréal, elles ont un incontestable droit de cité.

Cette prise de conscience de la diversité culturelle, voire linguistique, de l'écriture montréalaise est associée, d'une façon que je crois nécessaire, à la reconnaissance de plus en plus explicite de la réalité urbaine, de la manière dont elle imprègne l'écriture, l'entraîne pour ainsi dire dans ses propres voies. Écrire à Montréal, nous l'avons dit, ce n'est pas forcément écrire sur Montréal, le décrire, le thématiser. Mais écrire sur Montréal, comme cela se fait abondamment depuis quelques décennies, c'est, au-delà de la description, rendre inévitable la prise de conscience d'une diversité, d'un éclatement constitutifs à la fois d'une écriture et d'une ville. « Entre la ville et l'écriture, écrit-on dans l'introduction à l'ouvrage collectif *Montréal imaginaire*, osons dire que l'influence est réciproque : le nouveau récit urbain, volubile, mobile, éclaté,

---

2. Voir l'anthologie de Nathalie Fredette, *Montréal en prose 1892-1992*, L'Hexagone, 1992, qui entremêle textes français et anglais. Pour la (double) poésie contemporaine, Pierre Nepveu, « Une ville en poésie », dans Pierre Nepveu et Gilles Marcotte (dir.), *Montréal imaginaire. Ville et littérature*, Fides, 1992.

ne peut se produire que dans une ville entrée dans l'ère de la mutation perpétuelle; et Montréal semble accomplir sous nos yeux les intentions de sa littérature. » C'est que la ville n'est pas simplement, pour l'œuvre, un thème descriptif, mais un thème structurant. À la question : « Qu'est-ce que c'était qu'une ville ? », Danièle Sallenave répond, dans *Le Don des morts* : « La même chose qu'un livre ». L'imparfait dit bien que, pour elle, le livre, le *vrai* livre, appartient au passé, comme la *vraie* ville. Et l'on peut comprendre une telle nostalgie quand on lit les grands romans du XIXe siècle, ou encore ces poèmes de Larbaud, de Fargue, de tant d'autres où la ville, douloureuse ou heureuse peu importe, a la chaleur d'une véritable maison. Nous n'avons guère connu, à Montréal, ces faveurs mélancoliques. Notre ville et notre livre sont nés tard et n'ont pas eu le temps de se donner de la chair avant d'être livrés aux divisions, aux débats, aux problématiques de la modernité, de la multiplicité culturelle, de l'inachèvement. Notre tour, comme celle de Babel, est vouée, de naissance, à l'inachèvement; et la dispersion des langues se trouve à l'origine, non au terme de l'entreprise.

Comment vit-on à Babel ? Comment vit-on à Montréal ? Assez mal. Assez bien. L'écriture montréalaise offre rarement des bonheurs tranquilles, de simples bonheurs d'existence comme on en éprouve dans les romans et les poèmes de Paris, de Berlin, de Bombay ou même de New York. Elle est inquiète, agitée, surtout dans son expression majoritaire, la française. Mais, oui, par elle Montréal devient un *lieu réel*, un lieu habitable. L'inachèvement n'est peut-être pas le contraire de la vie, mais sa condition même.

* * *

Les textes réunis dans ce livre n'obéissent pas à un programme rigoureusement défini. Ceux qui en constituent la première partie, « Variations sur une ville », ont été écrits à l'intérieur ou dans les marges d'un projet de recherche conçu au Département d'études françaises de l'Université de Montréal et aimablement subventionné par le Conseil de recherches en sciences humaines du Canada. Ni Pierre Nepveu ni moi-même, qui en étions les directeurs en titre, ne revendiquons la paternité de ce projet ; il est né à l'initiative de Jean-François Chassay et de Pierre Popovic, qui étaient alors étudiants au Département, et c'est par hasard que j'y ai été englobé : on cherchait un professeur pour signer les demandes de subventions, j'ai obtempéré. Puis, de fil en aiguille, la main, le bras, le corps entier, l'âme peut-être aussi, y ont passé. Dois-je ajouter que je ne regrette rien ? On imagine parfois les projets de recherche universitaire comme des entreprises ésotériques où des sommes assez considérables sont engagées pour accumuler des connaissances et parfois les faire avancer un peu. Le groupe « Montréal imaginaire » fut cela peut-être, en partie, par contrainte institutionnelle, mais aussi, surtout autre chose : un lieu de réflexion, d'échanges intellectuels extrêmement stimulant. Aux noms de Pierre Nepveu, de Jean-François Chassay et de Pierre Popovic, il faut ajouter ceux de Ginette Michaud, Simon Harel, Michel Biron et Benoît Melançon, qu'on retrouvera d'ailleurs au sommaire des publications de « Montréal imaginaire ».

Pour moi, puisque mon seul nom apparaît dans ce livre-ci, je me suis retrouvé dans cette aventure plus Montréalais que jamais, fréquentant la *Main* (la littéraire plutôt que la réelle, à vrai dire) comme je ne l'avais jamais fait auparavant, interrogeant le roman québécois d'une façon nouvelle, reculant jusqu'au XIXe siècle pour y trouver les premières images — des images qui demeurent étrangement actuelles, découvrais-je avec un peu d'étonnement — de notre incarnation urbaine, amené à prendre en compte une production littéraire anglaise dont l'importance globale, la fascinante différence ne m'avaient pas, auparavant, suffisamment retenu.

On pourra juger qu'à ce dernier groupe de textes, le titre *Écrire Montréal* aurait mieux convenu que celui que j'ai choisi, *Écrire à Montréal.* Ce dernier a le mérite, me semble-t-il, d'élargir la perspective, de ne pas paraître asservir l'écriture à la ville ; il a encore celui d'inclure les textes de la seconde partie, « Histoires de Montréal », moins explicitement amarrés que ceux de la première à la question de Montréal. On remarquera que certains noms d'écrivains reviennent à plus d'une reprise dans le livre : Boucher de Boucherville, Gabrielle Roy, Gérard Bessette, Michel Tremblay, Mordecai Richler, Francine Noël. C'est que leurs œuvres ressemblent à des squares, des places, des carrefours que l'on ne cesse de traverser parce que beaucoup d'avenues y arrivent et en partent. Il y aura ainsi quelques répétitions, inévitables.

G. M.
Juin 1997

VARIATIONS SUR UNE VILLE

J'arrive en ville…

Donc, je partais de Sherbrooke, en train, et il ne se passait rien — le très long arrêt à Farnham étant tout le contraire d'un événement — avant la traversée du fleuve Saint-Laurent, qui constituait vraiment le passage d'un monde à un autre, une transformation radicale de l'ordre de grandeur, une approche de l'infini. Premier arrêt, Montreal West. Aujourd'hui encore, je ne sais pas ce qu'est Montreal West, bien que sans doute j'y sois allé deux ou trois fois. Il y a ainsi des quartiers de Montréal dont la réalité me paraît essentiellement problématique : du même côté ou à peu près, Lachine et Verdun ; à l'autre extrémité, Pointe-aux-Trembles. Ce sont là, à mes yeux, de purs possibles ou, si l'on veut, l'équivalent de ces étoiles extrêmement lointaines dont l'astronomie nous enseigne qu'elles existent, qu'elles sont indispensables à notre monde, sans que nous puissions le vérifier d'expérience. La petite gare de Montreal West, que je voyais à travers la vitre sale du wagon, où descendaient des gens bien vêtus et parlant anglais, m'avertissait que j'entrais, que j'allais entrer bientôt dans un monde nouveau. Deuxième arrêt, Westmount. Puis, à mesure que le train s'approchait de la Réalité, c'est-à-dire du Château (peut-être celui de Kafka), c'est-à-dire de la gare

Windsor, s'étendait l'immense lacis des voies ferrées dans lequel le mécanicien chef trouvait miraculeusement sa route, et autour d'elles la cohue serrée des maisons, des édifices, à perte de vue, à perte de sens.

Montréal, enfin. Les embrassades, les souliers qui tapent fort sur le dallage de la grande salle pleine d'échos, la sortie, ébloui, sur le square Dominion, les voitures, le bruit, les grands nombres, la vitesse, la presse...

J'y suis depuis cinquante ans, et pas plus aujourd'hui qu'alors je ne suis rassasié de cet étonnement, de cette étrange griserie. Au journal *Le Devoir*, où j'ai eu mon premier emploi dans la métropole, j'ai connu de vrais Montréalais : ils avaient étudié au Sainte-Marie, au Brébeuf ou du moins à l'école Saint-Pierre-Claver, ils connaissaient les personnes qu'il faut connaître, ils avaient l'aisance des possesseurs naturels. J'en ai connu d'autres qui, venus d'ailleurs, s'étaient intégrés au paysage sans trop de difficulté. Moi, ce n'est pas du tout pareil, je suis encore de ceux qui arrivent à Montréal. Nous sommes assez nombreux, je pense. Je ne parle pas de ceux qui arrivent de l'étranger, d'autres pays, parfois d'une autre grande ville, et dont l'expérience est forcément très différente de la mienne, mais de ceux qui comme moi viennent de la province, Rastignac montant d'Angoulême à Paris. Il y avait en nous assez peu de Rastignac, cependant. Montréal ne s'offrait pas à l'imagination comme l'objet d'une conquête exaltante, un théâtre où faire triompher des dons exceptionnels. Nous y venions, par nécessité généralement, parce qu'il s'y trouvait un plus grand nombre de possibilités de gagner sa vie qu'ailleurs. L'exaltation, ou la griserie dont je parlais tout à l'heure, avait une autre raison, plus secrète : celle de se perdre, de se perdre dans la foule. Dans nos villages et nos petites villes, nous étions connus forcément, nous étions tenus par les rets de la famille, de la tribu ; impossible de se promener rue Wellington, à Sherbrooke, sans rencontrer quelqu'un qui nous connaissait personnellement, par notre nom. Rue Sainte-Catherine, devant les grands magasins, parmi les affiches presque toutes anglaises, dans la cohue, il en allait tout autrement, les risques de reconnaissance étaient à peu près nuls. Peut-être venions-nous à Montréal d'abord pour ça : moins pour devenir quelqu'un que pour devenir anonymes. Un parmi cent, mille, un million. Un homme ordinaire, dans une grande ville ordinaire. On ne se demandait pas alors si Montréal était une ville belle ou laide, ces inquiétudes lancinantes viendraient plus tard, beaucoup plus tard. En fait, on la disait souvent laide, on aurait mieux dit quelconque, ce qui était assez rassurant. Une belle ville impose des devoirs, de conservation, de respect, qui sont assez fatigants. Ni Camillien Houde ni Sarto Fournier ne songeaient à installer des réverbères de luxe dans les rues de Montréal. On ne restaurait pas, on démolissait peu et l'on construisait encore moins, du moins dans la ville même, au centre de la ville. Combien de temps l'édifice de la Sun Life n'a-t-il pas conservé son orgueilleuse suprématie, écrasant de sa masse une cathédrale vaillante mais peu élevée, dans l'éternel combat que se livrent au Québec les valeurs matérielles et les spirituelles ? Devant ces édifices, je n'avais pas de nom ; par eux, par leur masse immobile, par leur indifférence au destin singulier, j'étais délivré de ce nom qui m'attachait au clan, me dictait mes conduites. J'avais le droit d'être seul. Le plus profond plaisir de la ville, celui qui tourne au désastre quand il n'est pas soutenu par des moyens matériels suffisants, et j'inclus parmi eux quelques amis un peu distants mais disponibles, ou quand la terreur criminelle ne le détruit pas — je pense à cette jeune femme-médecin enlevée par un pauvre fou près de la place Bonaventure, l'autre soir, entraînée dans un lieu désert et assassinée —, c'est l'anonymat, la solitude. C'est se perdre dans la foule, rue Sainte-Catherine, à midi, s'abandonner à son mouvement, entrer ici et là, sans but précis. C'est se laisser choir sur une banquette, dans un restaurant, Macdonald ou Burger King, et par la fenêtre regarder les gens, à l'infini, pourquoi ça s'arrêterait ?

Je suis seul, et je ne suis pas seul. Je suis, ici sur ma banquette, ruminant mon hamburger, plus impliqué dans la communauté humaine que je ne l'étais dans ma petite ville ou mon village ; j'y suis attaché par des liens implicites, qui sont les plus forts, et j'atteins en elle ce qui ne saurait s'imaginer hors de la métropole, ce que Paul Claudel appelle le « général ». Permettez que je vous cite Claudel. Le texte qui m'intéresse, et qui va en quelque sorte donner des ailes à mon propos, se trouve dans ces *Conversations dans le Loir-et-Cher* qui tournent constamment autour de la double question du vivre-ensemble et de la ville. Voici : « La ville vit sur autre chose que de l'immédiat. Elle vit d'autre chose qu'elle-même et pour autre chose qu'elle-même. Elle ne vit pas de la terre, elle vit du mouvement, elle est une disponibilité de mouvements, elle est un bureau général d'expéditions, tout en elle est sens, tout dépend de ces sens dans lesquels elle est orientée, elle naît d'un aboutissement et d'un départ, d'une rencontre et d'une croix. C'est l'endroit où toutes sortes de choses venant de divers points, idées, marchandises, pouvoirs, se rencontrent, s'évaluent et se complètent. Il y a communion et tout habitant d'une ville communie dans quelque chose de général. » Quand je dis que je suis attaché à Montréal, quand je refuse de la quitter pour aller faire carrière ailleurs, ce n'est pas à cause d'un lieu, d'un décor, d'une atmosphère, d'un charme particuliers — encore que cela existe, bien sûr —, mais parce qu'en elle ont pris forme, pour moi, cette « communion » dont parle Claudel, cette « disponibilité de mouvements » qui est le sens même de la ville.

* * *

Faut-il ajouter, en post-scriptum, que cette ville, le Montréal de mon arrivée à Montréal, n'est plus, qu'elle s'est transformée au point d'être devenue, à mes yeux d'alors, méconnaissable ? Je pense à ce qui est arrivé, par exemple, à la rue Saint-Laurent. L'idée ne me serait pas venue, à l'époque, d'aller l'explorer, de m'extasier sur ses « hot dogs steamés » comme il convient de le faire aujourd'hui. C'était une rue sale, vulgaire, peu recommandable, où les bonnes gens — j'en étais, j'en suis toujours — ne s'aventuraient que pour voir les opérettes des Variétés Lyriques, assaisonnées par Lionel Daunais, ou à la rigueur applaudir Jacques Normand, Paul Berval et quelques compères au Faisan doré. On nous a changé ça. Grâce à Jean Basile, à deux urbanistes très enthousiastes, à plusieurs dizaines de flâneurs et de fêtards, à Michel Tremblay, à quelques architectes et rénovateurs, à une douzaine d'artistes et à de nombreux commerçants, la rue Saint-Laurent, notre bonne vieille *Main* qui divisait la ville en deux — et il était normal que l'Ouest et l'Est, la richesse et la médiocrité, se rencontrent dans ce lieu indécis où s'efface la distinction entre le tien et le mien —, notre vieille *Main*, donc, est devenue *quelque chose*. Dans son roman *Toute la terre à dévorer*, Georges-André Vachon en a fait le centre du monde. Pourquoi pas ? Il suffit de le vouloir. On s'est mis à vouloir la rue Saint-Laurent, comme on s'est mis à vouloir toutes sortes de choses à Montréal. La ville a cessé d'être donnée. Elle existe de plus en plus entre guillemets, sous forme de citations. Cette succursale bancaire de la rue Sainte-Catherine, n'y touchez pas, malheureux, c'est la seule banque art déco que nous ayons ! Que serions-nous sans notre banque art déco ? Allez, dégagez-nous cette place Jacques-Cartier toute pleine de légumes sales, qu'on puisse s'y promener, fêter, nettoyez-nous cet hôtel Nelson où bientôt viendra loger Egon Ratablavasky. Peignez-nous de couleurs vives ces petites maisons toutes semblables de la rue Saint-André, entre Sherbrooke et Ontario, on aura l'impression de vivre dans un conte de fées. Vous emménagez au Plateau Mont-Royal ? Qui vous a conseillé, Francine Noël ou Michel Tremblay ?

Entre la ville « générale », la ville *quelconque* de mon arrivée à Montréal et cette ville citée, entre guillemets, en morceaux choisis, vous pensez bien que la distance est considérable. La conservation, au sens de « Sauvons Montréal », ne conserve évidemment rien du tout. Elle distingue, elle isole, c'est-à-dire qu'elle transforme et invente. Qu'invente-t-elle ? Un musée, peut-être. Il est sans doute agréable de vivre dans un musée : c'est instructif, plein de beaux objets, et généralement plus propre qu'une ville. Si Montréal est vraiment en train de devenir « un fantôme culturel à l'usage des touristes », comme le dit Marshall McLuhan d'un grand nombre de villes occidentales, elle et nous, notre ville et nous ne faisons en somme que vivre très rapidement, à toute vapeur, sur le mode du rattrapage tardif, ce qui se passe un peu partout. Notre originalité, dans cette affaire comme dans beaucoup d'autres, est de vivre le phénomène avec une intensité un peu folle.

… mais Montréal existe-t-il ?

Or, de toute évidence, Montréal n'existe pas. Un poète belge, Marcel Thiry, a écrit : « Toi qui pâlis au nom de Vancouver », de sorte que Vancouver existe un peu, à la belge. Personne n'a écrit de phrase semblable à propos de Montréal. Il est vrai que Houston, Texas — au contraire de Dallas, Texas, pour les raisons que l'on sait — n'existe pas non plus ; ni Baltimore, ni Cleveland, ni Grand Rapids. Je pourrais citer des dizaines d'autres villes, en Amérique du Sud, en Europe, en Asie, en Afrique, qui ont ainsi droit au constat d'inexistence. Mais je risquerais d'indisposer beaucoup de gens.

En revanche, il va sans dire que Paris, New York, Pékin, Moscou, Hambourg, Avignon, Anvers, Berlin existent. Un écrivain français de quelque réputation, Jack-Alain Léger, s'est installé à Montréal il y a une quinzaine d'années, et dans le roman qu'il a écrit dans nos parages, il n'a pas réussi à doter notre bonne ville d'un semblant d'existence. Ce n'était pas faute de talent, de travail. Un peu plus tard, rentré en France, il publiait un roman intitulé *Wanderweg*, où le Berlin des années trente, avant la montée nazie, était évoqué avec une intensité remarquable : on avait l'impression d'y être. Si les pages qu'il a écrites sur Montréal n'ont laissé aucune trace dans ma mémoire, ce n'est donc pas, comme je l'ai dit, faute de talent ou de travail, mais faute de ville. Aucun écrivain français de quelque importance n'a écrit des choses intéressantes sur Montréal, à l'exception de Marie LeFranc, qu'on ne lit plus guère aujourd'hui. Michel Tournier, qui a de l'imagination, s'y est essayé ; quelques autres aussi, au retour d'une tournée de conférences. Le cœur n'y était pas. Entre un bouge à Hambourg et une taverne à Montréal, on ne balance pas longtemps.

Une ville qui existe, du point de vue qui m'occupe, c'est d'abord de l'histoire, une certaine profondeur de temps, une profondeur historique. Or, les événements dont Montréal garde la trace ont peu de poids, c'est le moins qu'on puisse dire, dans la conscience occidentale. Qui se souvient à part nous de la révolte de 1837, que d'ailleurs, timides, nous appelons par euphémisme les « troubles » ? Il faut arriver très vite à l'histoire contemporaine pour trouver des événements montréalais dignes de mention dans la presse internationale, sinon dans l'histoire au sens fort ; et ils sont tous groupés autour de la proclamation du général de Gaulle, « Vive le Québec libre ! », lancée en 1967 du balcon de l'hôtel de ville. Le général de Gaulle plus une Exposition universelle très réussie, c'était décidément une très bonne année pour Montréal. Suivront quelques actions terroristes assez spectaculaires qui attireront chez nous des hordes de journalistes étrangers ; puis, quelques années plus tard, des Jeux olympiques réussis de justesse. Il nous fallait un grand homme, le voici : le maire Jean Drapeau, roublard, un peu mégalomane, indestructible, celui-là même dont rêvait Montréal, en vérité le contraire d'un grand homme, d'un héros. Il y en aura un autre.

Une ville qui existe, c'est aussi un lieu, une place, un monument qui signifie métonymiquement l'ensemble : le Mur à Berlin, les Champs-Élysées ou Pigalle à Paris, Copacabana à Rio de Janeiro, la Grand-Place de Bruxelles, Times Square à New York. Parlerons-nous du quartier dit du Vieux-

Montréal ? J'y ai travaillé pendant assez longtemps, au cours des années cinquante, alors qu'il n'était pas encore vieux, ancien, historique. C'était un quartier sale, comme le sont généralement les quartiers portuaires, d'autant plus sale qu'il contenait un grand marché tout plein de victuailles appétissantes pour les rats. Astiqué, rebâti, réinventé, il est aujourd'hui envahi par les *yuppies* et les touristes. J'y vais de temps à autre pour me dépayser, pour m'égarer dans une gravure d'époque. Si l'on veut trouver une Histoire un peu plus vraie, plus concrète, plus actuelle, c'est dans un autre lieu qu'on se rendra, qui n'attire pas les *yuppies*, mais les pèlerins : l'Oratoire Saint-Joseph. Dans le dictionnaire Robert des noms propres, la photo qui représente Montréal est ainsi constituée : au fond, tout au fond, le fleuve Saint-Laurent bordé d'une tache rose et blanc qui est sans doute le centre-ville ; puis, plus près de nous, beaucoup d'arbres, et au centre, tout à fait au centre, au centre de tout, l'Oratoire Saint-Joseph. C'est ici, assurément, le lieu sacré de Montréal, qui continue de prospérer malgré la désaffection religieuse. Montréal devenant de plus en plus une ville d'immigration, l'Oratoire a débordé ses limites confessionnelles et accueille maintenant des familles d'origine africaine, vietnamienne, chinoise, sud-américaine et je ne sais quoi encore, venues trouver là une indispensable nourriture spirituelle. Mais Montréal, le Montréal du discours, ne parle pas volontiers de son Oratoire Saint-Joseph ; il en est un peu gêné, comme de son fondateur, l'humble frère André. Voici l'autre grand homme de Montréal. On lui a consacré un long métrage il y a quelques années, et il sera sans doute canonisé *urbi et orbi* avant longtemps. C'était un petit thaumaturge assez fruste, de caractère peu commode. Les critiques de cinéma — représentants, en l'occurrence, du Montréal qui se parle — ont eu quelque mal à masquer leur commisération d'esprits éclairés devant ce monument d'obscurantisme. Au contraire du Sacré-Cœur de Montmartre qui s'est émancipé en partie de sa fonction religieuse première, l'Oratoire Saint-Joseph et son fondateur ont conservé une fonction spirituelle exclusive qui les empêche de jouer, dans le monde actuel, leur rôle métonymique.

Deux autres lieux, plus modernes et même récents, signifient Montréal aux yeux du monde occidental (j'espère que l'enthousiasme ne m'emporte pas trop loin) : le site de l'Exposition universelle de 1967 et le Stade olympique. Œuvres du maire Drapeau, ces deux places ont en commun, outre la paternité, l'inachèvement. Quand l'Exposition a fermé ses portes, en 1967, il aurait été normal que chaque pays démolisse son pavillon, que le tout soit bien nettoyé et qu'on garde seulement, en souvenir de la chose, un ou deux monuments. Mais le maire Drapeau n'allait pas se laisser priver ainsi de son plus beau domaine : il décida de garder le tout, ou presque, pour la plus grande joie des visiteurs de l'âge d'or. Montréal est la ville qui n'a pas voulu mettre fin à sa glorieuse Exposition. À l'inverse, le Stade olympique, construit à grands frais d'après les plans d'un architecte parisien qui n'avait pas une vaste expérience de l'hiver, n'a jamais réussi à naître tout à fait, à s'installer dans la permanence. Chaque année, le douloureux problème de son toit amovible refait surface, et l'on dirait que son grand mât coupé, son moignon de mât élève vers le ciel une supplication qui ne sera jamais entendue.

Ces deux lieux, Terre des hommes et le Stade olympique, sont interminables, inachevables dans la mesure où ils relèvent de l'ordre du rêve, du désir avec lequel on n'en a jamais fini ; et, à ce titre, ils disent quelque chose d'essentiel sur Montréal. Montréal est moins un ensemble urbain constitué qu'un rêve, un projet, une utopie. Tel il se présente, explicitement, à sa naissance, sous le nom de Ville-Marie. Le récit traditionnel de la fondation de Montréal a l'aspect d'une légende pleine de songes prémonitoires, de rencontres miraculeuses, d'aventures extraordinaires. Un pieux laïc, Monsieur de la Dauversière, reçoit en songe la mission d'établir des religieuses dans l'île de Montréal. Par le plus grand des hasards, il rencontre un jeune prêtre, Monsieur Olier, désireux lui aussi de faire quelque chose à Montréal. Comme il y a des Iroquois sur l'île, il faut un chef militaire : on le trouve, pieux à souhait, dans la personne de Monsieur de Maisonneuve. On cherche une économe et infirmière : une sainte fille se présente, appelée Jeanne Mance. Les mystiques cependant ne sont pas hommes et femmes à perdre le nord, comme on le sait par l'exemple de Thérèse d'Avila et de Jean de la Croix : il faut observer que la fondation, sur l'île de Montréal, d'une colonie urbaine présentait des avantages politiques et économiques non négligeables. Mais le discours fondateur veut tout ignorer de ces choses. La nouvelle ville ne doit être rien d'autre, selon ceux qu'on appelle en France les Messieurs de Montréal, qu'une œuvre de restauration religieuse, la création dans le Nouveau Monde d'un monde véritablement nouveau. Comme l'écrit dans *Les Origines religieuses de Montréal* Serge Goyau, historien français aujourd'hui oublié, dont le style onctueux participe du rêve même dont il rend compte : « La déchéance des sauvages, les raffinements de la civilisation, avaient également gâté, des deux côtés de l'océan, l'œuvre créatrice. Dans cette île vierge qu'était Montréal, des âmes pures allaient promulguer la loi divine. Elles la voulaient appliquer dans son intégralité : réaliser le plan primitif du Créateur, qui exigeait qu'on exploitât toute terre nourricière, et puis, sur cette terre ainsi soumise, subjuguer l'homme sous l'Évangile, à mesure que les ressources extorquées du sol par le travail provoqueraient un afflux humain. »

Un Montréalais d'aujourd'hui, surtout s'il a fréquenté dans sa jeunesse ce genre de texte, n'est pas sans éprouver une certaine gêne lorsqu'il reprend contact avec des images d'Épinal, des pieuseries (j'utilise les propres mots du Montréalais d'aujourd'hui) qu'il croyait enfermées pour toujours dans le reliquaire national. Si vous prononcez devant lui le nom de Ville-Marie, il pensera d'ailleurs plus volontiers au gratte-ciel cruciforme du centre-ville et se dira que, décidément, il fallait être anglophone, canadien ou américain, pour avoir une telle idée. C'est que Ville-Marie, la vraie, c'est-à-dire peut-être l'imaginaire, est morte depuis longtemps. Elle est morte très précisément en 1763, l'année de la conquête anglaise. La ville que plus tard on appellera la « ville aux cent clochers », celle qui a vu naître et prospérer l'Oratoire Saint-Joseph, n'est qu'un décalque maladroit de Ville-Marie, aussi éloigné de la ville d'origine que les miracles du frère André le sont des songes aristocratiques de Monsieur de la Dauversière. Pendant les deux siècles qui suivent la Conquête, les Anglais — nous aurons à en reparler, de ceux-là — vont faire, selon leur détestable habitude, du commerce et de l'industrie, au point que Montréal deviendra au début du XXe siècle la métropole du Canada, attirant de plus en plus massivement une population francophone en quête de *jobs*. Mais celle-ci, entraînée par ses idéologues, ne se laisse pas *montréaliser* sans équivoque. Elle fait concurrence à l'industrie anglaise par un nombre considérable d'églises, et entretient, malgré les évidences, la nostalgie d'une civilisation essentiellement rurale.

En somme, tout se passe comme si, selon le discours traditionnel, « agriculturiste », la ville n'existait pas encore et qu'il était possible de la construire à l'image de son contraire, de la campagne même. Pour les progressistes, la ville n'existe pas davantage, mais elle est appelée avec une ferveur extrême, comme la figure toute positive d'un avenir enfin ouvert. Ici apparaît, pour la deuxième fois dans l'histoire de Montréal, le désir qui la constitue. Quand, au début des années cinquante, s'annonce une révision radicale des fondements idéologiques de la société canadienne-française, celle-ci ne peut s'imaginer que sous la forme urbaine. Une ville à construire, donc. Une ville qui n'est pas encore là, qui n'a pas encore une âme, comme le dit le personnage principal de *La Bagarre*, roman de Gérard Bessette paru en 1958. Pour ce personnage, le désir de ville est si puissant, si envahissant qu'il se confond avec le désir même de l'écriture. Écrire, pour lui, écrire un roman, c'est inévitablement, nécessairement écrire le roman de Montréal, créer Montréal, lui « donner une âme ». Il met ainsi au jour le désir qui habite, plus ou moins masqué, bon nombre de romanciers montréalais. Dans un des passages les plus explicites du roman, Jules Lebeuf monte au sommet du mont Royal — comme le font, depuis le XIXe siècle, la plupart des écrivains qui ont voulu saisir Montréal dans sa totalité — et appelle pour ainsi dire la ville à l'existence :

> Puissamment arquée vers le centre par un ancien volcan, l'île fendait le fleuve gigantesque comme une étrave de bateau. C'était la nuit. La ville dormait. Accoudé au parapet de l'observatoire, le dos tourné au chalet du mont Royal, Jérôme contemplait la métropole immense.
> Quelques centaines de pieds plus bas, des traînées de lumière, serrées et régulières comme des points de couture, suivaient le tracé des grandes artères. Plus loin, enjambant le fleuve...

On aura compris, en lisant cette prose tendue, difficultueuse, guindée, que le projet de Jules Lebeuf n'était pas près de s'accomplir. Il s'y prenait mal sans doute, se croyant encore à l'âge du réalisme balzacien ou de l'unanimisme de Jules Romains. La description totalisante n'est plus, aujourd'hui, une opération rentable. Les grands mythes littéraires urbains de la modernité, le Paris de Proust, le Dublin de Joyce, le Berlin de Döblin, la Vienne de Musil, le New York de Dos Passos, se sont évidemment créés sur un autre mode, à partir d'un fractionnement du regard, de la perception. L'observation est banale, mais il me paraît qu'elle prend, dans le contexte montréalais, un sens plus aigu qu'ailleurs. Même si les signes de la ville se sont multipliés dans le roman québécois du dernier quart de siècle, il semble que la réalité montréalaise résiste de façon exceptionnellement têtue à toute forme de représentation globale. Peut-on essayer de dire pourquoi ?

J'annonçais plus haut que je parlerais des Anglais. Nous y

voici. Cette ville, Montréal, qui n'existe pas, d'autre part existe trop, puisqu'elle existe en double, et la surabondance explique peut-être la carence. Le discours que je tiens depuis quelques pages ne touche qu'une partie de Montréal, celle à laquelle s'adressait exclusivement le général de Gaulle dans la fameuse scène du balcon de l'hôtel de ville. L'autre, il est assez facile de l'ignorer, comme je viens d'en faire la démonstration, mais au moment le moins prévu elle réapparaîtra comme le diable sort de la boîte et brouillera nos discours en les affublant d'un double mal accepté, mal compris, souvent refusé avec une farouche résolution. Bien que la loi 101 fasse de la métropole, comme de l'ensemble du Québec, une région francophone, il n'en reste pas moins que par son histoire, par son économie, par sa culture même, Montréal est une ville autant anglaise que française. Or, le Montréal anglophone et le Montréal francophone ne coïncident pas. Un romancier de langue anglaise ne s'aventurera guère, vers l'est, au-delà de la rue Saint-Laurent ou, à la rigueur, de la rue Saint-Denis ; son collègue de langue française, devenu plus audacieux ces dernières années, fera quelques excursions dans l'ouest de la ville mais ne mettra pas souvent les pieds à Westmount et ignorera totalement le quartier qu'on appelle Montreal West. Il arrive qu'ils se rencontrent dans un même lieu — par exemple, Jean Basile, Andrée Maillet et Mordecai Richler boulevard Saint-Laurent —, mais en les lisant on se rend vite compte qu'il ne s'agit pas en réalité du même. J'aime beaucoup la rue Sherbrooke de Hugh McLennan ; je m'y rends en étranger, en touriste, toujours content de me perdre dans ce lieu étrange qui ressemble étrangement, bizarrement au mien. J'y rencontre rarement (je parle du roman, non de la rue réelle) des personnages francophones ; et quand il s'en trouve, ce sont généralement des êtres assez pâles, des sous-alimentés de l'imaginaire, des canards de bois voués à la couleur locale. Du côté français, les choses sont plus nettes encore : le personnage de l'autre langue est presque complètement absent, à une exception près mais profondément significative : le Juif. Celui-ci, qui apparaît assez fréquemment dans le roman québécois des vingt dernières années, échappe à la proscription qui frappe les autres identités anglophones. Aimé ou craint, ami ou ennemi, de toute manière il attire. Peut-être est-il même le seul personnage véritablement, radicalement montréalais, si Montréal est vraiment cette dualité, cette bigarrure, cette Chose composite que francophones et anglophones de souche semblent refuser d'un commun accord.

Peut-être aussi, dans la même perspective, faudrait-il dire que l'écrivain juif est le seul écrivain véritablement montréalais. Je pense au poète, essayiste et romancier A. M. Klein, et particulièrement à son poème intitulé « Montréal » où il fait se rencontrer, se modifier mutuellement, dans une langue quasi joycienne, les vocabulaires anglais et français de la métropole. J'en cite deux strophes, dans la subtile traduction de Robert Melançon :

> Ô cité métropolis, isle riveraine !
> Tes anciens pavements et roades sanctifiées
> Croisent les avenues conjurées de mon esprit !
> La splendeur érablique de tes promenades
> Foliole là, et là ta maiçonnerie
> De balcons pendants et d'escaliers dégringolants,
> Unique dans l'habitat anglais,
> C'est, toute vive, la Normandie !
> [...]
> Grand havre de navigations, multiples
> Les lexiques décarguent à tes quais,
> Sonoreux même s'ils me sont étranges ; mais surtout moi,
> Auditeur de ta musique, je chéris le
> Vocabulaire conjoint mimélodié
> Où vocable anglais et route écossique,
> Mollifiés par le parlé français,
> Bilinguisent ton air !

Mais le Montréal de A. M. Klein existe-t-il ailleurs que dans son poème ? Malgré la richesse et la justesse de ses instruments descriptifs, on a l'impression qu'il appartient lui aussi, et même plus que les autres, au règne du rêve, du désir, de l'utopie, dans la mesure où il fait l'économie d'une très désagréable réalité, celle de la lutte des langues. Montréal est une mosaïque assurément, et tout écrivain francophone un peu lucide sait qu'il ne serait pas ce qu'il est s'il ne vivait dans cet « air » bilinguisé dont parle le poète. Mais la ville est aussi une arène où se livrent des combats linguistiques qu'aucune loi, semble-t-il, ne peut apaiser définitivement.

Ville inachevée, ville moderne

Reprenons. À la fin des années cinquante, donc, un romancier québécois, ou plutôt son personnage, mais celui-ci n'est peut-être que le représentant autorisé, le double du premier, fait le projet d'écrire un roman véritablement montréalais, c'est-à-dire de donner une forme romanesque à un ensemble urbain qui, jusqu'à ce moment, n'a jamais fait l'objet d'une forte recréation dans l'imaginaire. Ce romancier, Gérard Bessette, sait qu'il existe des romans montréalais ; sous son chapeau de critique, il a écrit une longue étude, notamment, sur le *Bonheur d'occasion* de Gabrielle Roy. Mais *Bonheur d'occasion,* ce n'est que le quartier excentrique de Saint-Henri, plus quelques images du très britannique Westmount et une petite excursion rue Sainte-Catherine. Ce qu'il veut, lui, et qu'il entend obtenir avec l'aide du personnage central de *La Bagarre,* Jules Lebeuf (beau nom paysan, soit dit en passant), c'est l'ensemble, la totalité, le sens général, et pour tout dire d'un mot qu'on trouve dans les pensées de Lebeuf : l'*âme.* « Faire vivre Montréal, dit le personnage romancier, lui donner une âme en quelque sorte. » Il s'agit d'occuper la position du Créateur : Montréal n'existe pas ; tant qu'elle n'est pas écrite, la ville demeure un corps sans âme, attendant le doigt de Dieu comme dans la fresque de Michel-Ange. Le romancier, l'écrivain doit donner vie à Montréal ; mais aussi, d'autre part, en revanche, il semble que ce soit Montréal, et seulement Montréal, qui puisse faire naître l'écrivain. Écrire, pour Jules Lebeuf, ce n'est pas autre chose qu'écrire Montréal. L'enjeu, on le voit, est total, comme le seront ceux de la Révolution tranquille, qui s'apprête à faire son apparition.

Le diable, c'est de commencer. Dieu savait y faire ; Jules Lebeuf, un peu moins. Pourtant, l'observatoire, le lieu surplombant, le point de vue supérieur, dominant, existe : c'est la montagne, le sommet du mont Royal, où s'était rendu quelques siècles auparavant le découvreur Jacques Cartier pour se faire une idée de la ville future, point de vue qu'avaient également adopté à sa suite tous ceux, peintres, journalistes, chroniqueurs, poètes qui, au cours du XIXe siècle, avaient voulu donner de la métropole une image globale. C'est donc là que s'installe l'apprenti écrivain, l'apprenti romancier, et qu'il commence :

> Puissamment arquée vers le centre par un ancien volcan, l'île fendait le fleuve gigantesque comme une étrave de bateau. C'était la nuit. La ville dormait. Accoudé au parapet de l'observatoire, le dos tourné au chalet du Mont-Royal, Jérôme contemplait la métropole immense.

Pour un peu, on croirait entendre Jules Lebeuf s'écrier, comme tel jeune homme de l'univers balzacien : « À nous deux maintenant ! » Mais ce serait un contresens. Le personnage de *La Bagarre* ne peut pas se colleter avec la ville, sa ville, parce que celle-ci n'existe pas encore et ne pourra exister que par lui, par son écriture. Montréal n'oppose à Jules Lebeuf aucune résistance, parce qu'elle n'est qu'une de ses propres possibilités.

La référence à Balzac se justifie, toutefois, parce que celui-ci, bien qu'innommé dans le texte de *La Bagarre*, en est véritablement le maître d'écriture. Écrire sur la ville, écrire la ville, c'est nécessairement écrire selon Balzac. Par timidité peut-être, Gérard Bessette n'ose pas l'invoquer. Il se réclamera plus modestement de Georges Simenon, écrivain parisien par excellence, qui se contente d'écrire « des romans lisibles, capables de captiver le lecteur pendant une soirée ». Mais la modestie chez l'écrivain, on le sait, est toujours une ruse. La référence au créateur de Maigret ne sert qu'à éliminer les auteurs « sérieux » qui servirent longtemps de modèles, sinon aux écrivains mêmes, du moins aux idéologues littéraires du Canada français : René Bazin, Paul Bourget. Balzac tenu à distance parce que trop prestigieux, Bazin et Bourget éliminés pour cause de conformisme idéologique et littéraire, Simenon évoqué sans enthousiasme comme prototype du romancier simplement lisible, que reste-t-il à Jules Lebeuf lorsqu'il se cherche un maître, un modèle pour écrire le roman de la ville ? Son créateur, Gérard Bessette, n'est pas encore rendu à Camus, qu'il plagiera sans s'en apercevoir dans l'incipit du *Libraire*, et encore moins au Claude Simon de *La Route des Flandres* qui inspirera *L'Incubation*, deux écrivains qui par ailleurs ne sont guère intéressés par la réalité urbaine. Il lui faut du moderne, pas trop : Jules Romains, l'auteur des *Hommes de bonne volonté*, fera l'affaire. Gérard Bessette s'y réfère explicitement au début du chapitre XVII, le chapitre où Lebeuf tente de commencer son roman :

> Lebeuf ferma lentement son livre et s'accouda à la table pliante qui lui servait de bureau. Ce matin, décidé à travailler, il s'était levé en même temps que Margot qui partait pour le restaurant. Il venait de relire un chapitre du *6 octobre, Présentation de Paris à cinq heures du soir*, et maintenant il était « prêt ». Il décapuchonna son stylo, ouvrit un gros cahier à couverture cartonnée et immédiatement commença à rédiger.

On comprend facilement les raisons qui font de Jules

Lebeuf un lecteur si attentif de Jules Romains, et particulièrement du chapitre qu'il vient de parcourir. Ce chapitre, au centre du roman, le premier de la saga des *Hommes de bonne volonté*, est une longue, riche, intelligente description du Paris du début du siècle. Mais c'est tout le roman, aussi bien, qui parle de la Ville-Lumière ; les destins personnels qu'il évoque, apparemment distincts les uns des autres, n'ont de sens véritable que par leur inclusion dans la « vie unanime » de Paris. *Le 6 octobre* de Jules Romains offre donc à Jules Lebeuf ce dont il a précisément besoin, un modèle de conscience urbaine et un modèle d'écriture.

Or, la tentative de Lebeuf, celle d'écrire un roman sur Montréal, de donner une âme à Montréal, va échouer. Malgré le double modèle ; peut-être à cause de lui.

S'il est facile de voir ce que Jules Lebeuf cherche dans le roman de Jules Romains, il est également facile de voir ce qu'il n'y prend pas, ce qui lui échappe, ce qu'il ne veut pas ou ne peut pas y prendre. Le roman modèle, son titre le dit assez clairement, est un roman daté, historiquement situé. Comme le premier livre de *L'Homme sans qualités* de Robert Musil, paru un an auparavant[1], comme plusieurs romans de Simenon, *Le 6 octobre* s'ouvre par un bulletin météorologique :

> Le mois d'octobre 1908 est resté fameux chez les météorologistes par sa beauté extraordinaire. Les hommes d'État sont oublieux. Sinon, ils se souviendraient de ce même mois d'oc-

---

1. « On signalait une dépression au-dessus de l'Atlantique ; elle se déplaçait d'ouest en est en direction d'un anti-cyclone situé au-dessus de la Russie, et ne manifestait encore aucune tendance à l'éviter par le nord. Les isothermes et les isothères remplissaient leurs obligations. Le rapport de la température de l'air et de la température annuelle moyenne, celle du mois le plus froid et du mois le plus chaud et ses variations mensuelles apériodiques, était normal » (Robert Musil, *L'Homme sans qualités* [1931 et 1933], traduit de l'allemand par Philippe Jaccottet, Paris, Le Livre de poche, 1969, t. 1, p. 7).

> tobre avec faveur. Car il faillit leur apporter, six ans en avance, la guerre mondiale, avec les émotions, excitations et occasions de se distinguer de toutes sortes qu'une guerre mondiale prodigue aux gens de leur métier.
> Déjà la fin de septembre avait été magnifique. La température du 29 avait atteint la moyenne des jours de pleine canicule.

La météo, évidemment, c'est beaucoup plus que la météo. C'est l'atmosphère générale de l'existence, *le temps qu'il fait*. Jouant sur l'équivoque entre température et temporalité, le romancier laisse entendre que la première détermine dans une certaine mesure le flux temporel, qu'elle est porteuse d'événements, porteuse d'histoire(s). La date signifie, comme elle le fait dans une lettre, ou mieux un journal. *Le 6 octobre* est un roman où l'on aime « parler des événements », où l'on s'enquiert des « nouvelles de ce matin », où la rumeur, dit joliment l'écrivain, « faisait des nodosités ». Des événements inquiétants ont eu lieu la veille ; d'autres, plus graves, risquent de s'ensuivre. Le passé, selon la loi du journal, n'est pas très profond ; mais on vit, au 6 octobre, dans la hantise et la prémonition de l'avenir, le technologique autant que le politique ou le militaire. On croit, dans ce roman, « à l'avenir de l'automobile et de l'électricité » — entre autres choses. C'est dire que le Paris du *6 octobre* est inscrit dans une évolution temporelle ; il est saisi dans une seule journée, mais une journée grossie de tout ce qu'il y eut auparavant et de ce qu'il y aura demain. Paris est moins un agrégat de choses qu'un flux, un mouvement, une vie ; et c'est pourquoi, dans la description lue par Jules Lebeuf avant d'entreprendre son propre roman, il est présenté comme une personne vivante, douée d'une autonomie de mouvement :

> Alors, Paris se déployait dans leur tête, dans leur corps, un Paris tangible, fait de lignes vivantes, de lignes ressenties, imbibé de mouvements comme une éponge, et déformé par le flux perpétuel des choses qui s'approchent et s'éloignent.

Situé dans le temps, inscrit dans une évolution qui est sa plus concrète réalité, le Paris du *6 octobre* est également situé dans l'espace : il est au centre, il est un centre. La ville, la vraie ville, la grande ville, est faite d'un équilibre entre l'habitation, l'identification qu'elle procure à ses habitants — « je serai parisien », dit Jerphanion dans le train qui l'emmène de sa province à Paris — et, d'autre part, le rôle qu'elle joue dans les affaires du continent, du monde. Elle a affaire au Maroc, à la Turquie, à la Bulgarie, à l'Autriche. Par le fil télégraphique, les nouvelles lui arrivent de partout, qui sont autant d'appels à une décision proprement parisienne.

Le Montréal de Jules Lebeuf (qui est ou n'est pas le vrai Montréal, que pour l'instant nous laissons de côté) est totalement dépourvu des qualités et des privilèges que Jules Romains accorde à Paris ; la « deuxième ville française du monde », comme on se plaisait à le dire il y a quelques décennies, semble n'avoir aucun lien de ressemblance avec la première. Ce Montréal est étrangement immobile, sans passé, sans ouverture sur l'avenir. Il est refermé sur lui-même, sur les quelques signes abstraits qui le définissent. Et encore ces signes sont-ils équivoques : le lieu symbolique du roman, celui où aura lieu la bagarre du titre, est un ersatz, la copie urbaine d'un camp de bûcherons. Montréal n'est d'aucune manière un centre ; c'est comme une excentricité, une pure excentricité, que l'Américain Ken Weston veut l'étudier dans sa thèse de sociologie, thèse que d'ailleurs il ne pourra terminer, non plus que Lebeuf son roman. La métropole canadienne est une simple différence, par rapport au Paris de Jules Romains et à l'Amérique anglophone de Ken Weston, et ne peut calmer l'angoisse de définition qui parcourt tout le roman de Gérard Bessette. Quand Lebeuf veut définir le Canadien, c'est-à-dire le Montréalais, en le comparant facétieusement à l'Italien, à l'Anglais et à l'Américain, il conclut que la marque distinctive du premier est de ne rien faire : « le Canadien, lui, ne fait rien ». L'Américain Weston, sur le mode sérieux, arrive à une conclusion semblable : à son arrivée à Montréal, « tout lui avait paru *typical, picturesque.* Maintenant, il ne restait presque rien de cette impression : quelques notes dans un cahier… »

Il ne s'agit pas ici de comparer Montréal à Paris, Gérard Bessette à Jules Romains. Il n'est que trop visible que Montréal n'est pas Paris, ne peut pas tirer d'une longue et riche histoire les éléments d'une définition, d'un être possible ; et que Gérard Bessette, dans son tout premier roman, n'a pas l'ampleur de vues, les moyens descriptifs d'un Jules Romains. Ce qui doit nous retenir, c'est la nécessité ressentie d'un passage par le Paris littéraire pour parler de Montréal ; et ce qu'une telle expérience permet de faire de Montréal, qui ne serait pas accessible à l'observation directe. Je dis bien : le Paris littéraire, le Paris de la langue, le Paris du discours, et non pas la ville réelle, fût-elle de fiction. Dans la littérature québécoise, la confrontation, sur le plan diégétique, entre Paris et Montréal — une confrontation semblable à celle qu'a instaurée Henry James entre New York et Boston d'une part, Londres et Paris de l'autre — n'a pas eu lieu. Le Parisien romanesque qui débarque à Montréal est généralement déçu, ne découvrant dans la « deuxième ville française du monde » qu'un décalque de New York ; quant à la contrepartie, celle du Montréalais arrivant à Paris, c'est trop peu dire qu'elle est généralement désastreuse. Et peu importe que le personnage arrive avec toutes sortes de méfiances, comme l'Édouard de Michel Tremblay dans *Des nouvelles d'Édouard* (1984), ou qu'il la rêve d'avance comme la Mecque de sa propre culture, à la manière du Mathieu Lelièvre de Marie-Claire Blais dans *Une liaison parisienne* (1975). Celui-ci n'a en tête, avant son départ, que de misérables clichés, « s'imaginant déjà dans sa mansarde, écrivant nuit et jour, ne sortant de son nid d'illuminations que pour fumer une cigarette en contemplant la beauté de Paris » ; il s'en va tout droit au désastre et on le plaint à peine, tant il est benêt. L'autre, Édouard, venu du

Plateau Mont-Royal avec son joual et tous ses autres attributs, bute d'emblée sur un problème de traduction. Il cherche les « toilettes », et son interlocuteur parisien met un peu de temps à comprendre qu'il s'agit des W.-C. (prononcez vécé, à la française). Commentaire du cher Édouard :

> Les V. C. Avez-vous déjà entendu ça, vous ? J'espère au moins que ça veut pas dire « Va chier ! ». Mais j'ai été encore plus étonné en me dirigeant vers l'escalier qui mène au sous-sol : c'est pas V. C., c'est W. C... Water Closets ! Encore de l'anglais !

On reconnaît ici deux des motifs essentiels de la résistance québécoise à Paris : le corps, la vie corporelle, le langage corporel, opposés à la subtilité parisienne ; et les infidélités de la Ville-Lumière à cette langue française que nous avons défendue, nous, au prix de tant de sacrifices, et cetera. Voilà un personnage qui aurait pu signer le manifeste « Pour l'avenir de la langue française », lancé avec grand éclat en 1992 par un certain nombre de personnalités françaises en mal de loi 101[2]. Nous le savons depuis longtemps, nous, que la langue française est en voie de perdition à Paris, et que les Français auraient à recevoir des Québécois quelques leçons de résistance à cette langue affreusement impérialiste qu'est l'anglais...

La question linguistique se pose, dans *La Bagarre,* d'une façon moins anecdotique[3]. À aucun moment, Jules Lebeuf ne

2. « Pour l'avenir de la langue française — Deux cent cinquante personnalités françaises demandent à M. Mitterrand de réagir contre le "tout-anglais" », *Le Devoir,* 8 juillet 1992.

3. Sur la « situation linguistique » traitée par *La Bagarre,* voir André Belleau, *Le Romancier fictif,* Montréal, Les Presses de l'Université du Québec, coll. « Genres et discours », 1980, p. 116-131.

rêve de faire le voyage de Paris, comme son ami d'Outremont, Augustin Sillery, intellectuel précieux, francisé à mort, c'est-à-dire le plus maladroitement du monde, culturellement aliéné et pour tout dire homosexuel. L'horizon international de Lebeuf se nomme Boston, où il a travaillé durant quelques années et où il est tenté de retourner en constatant, *in fine*, l'échec de sa tentative littéraire. Il est, fondamentalement, un Montréalais de langage ; ou, si l'on veut, un Montréalais à la recherche d'un langage. Ce langage ne peut pas être celui de Bouboule, ouvrier pittoresque qui parle un joual assez réjouissant, mais peut-être aussi faux que le décor du club pour touristes qui s'appelle La Bougrine. Ce n'est pas non plus le français désuet, *made in Paris* d'Augustin Sillery, ou même celui de la philologie que Lebeuf étudie à l'université :

> — La philologie, j'ai rien contre ça, disait Lebeuf. Pour quelqu'un qui veut se spécialiser là-dedans, O. K. Mais nous autres, Canadiens, c'est pas ça qu'il nous faut, pas une miette. Ce qu'il nous faut, c'est du français moderne à doses massives, pour compenser ce qu'on entend à la journée longue...

Ce « français moderne », ce français urbain, international, Jules Lebeuf ne le possède pas. Mais une autre difficulté se présente, d'ordre purement littéraire celle-là, et qui est peut-être beaucoup plus lourde que la précédente. Elle tient à la « vue panoramique » par laquelle Lebeuf voulait commencer son roman et qu'il devait récuser par la suite. La langue parisienne a partie liée avec la totalité, l'ensemble, le général. Elle distribue les détails dans des cadres produits par une pensée surplombante. Or c'est cela, très précisément, qui devient faux dès que Lebeuf (ou Gérard Bessette, osons le dire) tente de l'appliquer à Montréal. Se relisant, il fait une violente colère et se déclare à lui-même qu'il faut « au contraire débuter dans le vif du sujet, au milieu d'une scène ;

intercaler ici et là des éléments descriptifs ; laisser le lecteur élaborer sa propre vue panoramique, ne pas l'imposer ». Il ajoute, plus loin : « Pas de généralisations. Une scène, puis une autre. Du concret. » À l'opposé de Paris, Montréal ne pourrait exister littérairement que dans le désordre au moins apparent des détails, à l'écart de la pensée unificatrice. Montréal ne peut pas être un roman de Jules Romains — ou de Balzac, ou de Zola. Ou même d'Eugène Sue.

C'est ce qui apparaissait, déjà, dans trois romans québécois du XIXe siècle auxquels l'histoire littéraire s'est peu intéressée jusqu'à maintenant et qui portent tous trois le même titre, *Les Mystères de Montréal*, évidemment emprunté à Eugène Sue. Le premier, celui d'un Français de passage, Henri-Émile Chevalier, se réfère explicitement aux *Mystères de Paris*[4] ; les deux autres, ceux d'Hector Berthelot[5] et d'Auguste Fortier[6], non, mais peu importe, c'est le titre qui compte, qui fait sens. En intitulant leurs romans *Les Mystères de Montréal* — oublions ici les *Mysteries of Montreal* de l'anglophone Charlotte Führer[7] —, les trois auteurs se réclament du roman populaire moderne et de la ville, du roman urbain ; ils demandent aux *Mystères de Paris* l'autorisation d'emprunter des chemins de traverse, d'aller voir ce qui se passe là où le discours officiel du Canada français refuse de s'aventurer, là où l'on est moins catholique et moral que le voudrait l'idéologie dominante. Cependant la distance, par rapport au modèle parisien, est

---

4. Henri-Émile Chevalier, « Les mystères de Montréal », *Le Moniteur canadien*, vol. VIII, n°s 15 à 46, 4 janvier-20 septembre 1855.

5. Hector Berthelot, *Les Mystères de Montréal*, Montréal, Imprimerie A. P. Pigeon, 1901.

6. Auguste Fortier, *Les Mystères de Montréal*, Montréal, Cie d'imprimerie Desaulniers, 1893.

7. Charlotte Führer, *The Mysteries of Montreal*, Montreal, Printed for the author by John Lovell and Sons, 1881.

aussi grande que dans *La Bagarre*, même si la destination populaire du récit l'allège de toute culpabilité littéraire ou linguistique. Aucun signe, dans ces romans à rebondissements nombreux, des idées sociales d'Eugène Sue, de sa conception progressiste de l'organisation sociale, de sa vision d'ensemble de la ville avec ses classes, ses castes nettement différenciées. Aucune « rêverie métaphorique » non plus, comme celle que Marc Angenot lit dans *Les Mystères de Paris*, une « rêverie de la profondeur et de l'enfouissement » qui fait voir la Grande Ville « comme abîme, maelström, labyrinthe, forêt fantastique, château gothique[8] ». Toute rêverie matérielle est exclue de ces récits court vêtus, allègres, qui vont toujours au plus pressé, c'est-à-dire à l'événement suivant ; toute rêverie, toute poésie même rudimentaire, toute profondeur. En réalité, le Montréal des *Mystères*, comme le Montréal de *La Bagarre*, est un Montréal sans mystères, aussi réfractaire que possible à toute forme de métaphorisation. Il n'y a pas de métaphore de Montréal, et Montréal ne peut se constituer en métaphore, parce que n'y jouent pas les associations, les analogies qui font l'unité comme naturelle d'un monde. La métropole québécoise appartient à la métonymie ; la loi de son organisation est la contiguïté, la parataxe, qui appelle le déplacement plutôt que le développement. Ce n'est peut-être pas un hasard si Montréal est une des villes du monde où l'on déménage le plus. François Hébert, dans son *Montréal* (1989), a évoqué ainsi l'arrivée des premiers découvreurs : « Les Français venaient d'accoster à Montréal, qui s'appelait alors Hochelaga. C'était un *kanata*, c'est-à-dire "un amas de cabanes". » Montréal n'est-il pas encore un *kanata*, si l'on considère que les cabanes modernes peuvent être assez hautes et qu'« amas » peut vouloir dire, tout simplement, juxtaposition ?

---

8. Marc Angenot, *Le Roman populaire*, Montréal, Les Presses de l'Université du Québec, coll. « Genres et discours », 1975, p. 80.

Que les relations de contiguïté, les opérations de déplacement l'emportent, dans le roman montréalais, sur le processus d'identification, il serait assez facile de le montrer, aussi bien dans *L'Hiver de force* de Réjean Ducharme que dans *La Jument des Mongols* de Jean Basile, dans *Le Matou* d'Yves Beauchemin que dans *Babel, prise deux* de Francine Noël. Mais le roman n'est pas seul à en faire l'observation. Un des plus beaux exemples des possibilités de déplacement, de substitution métonymique qu'offre Montréal nous est offert dans le livre du romancier français Alain Gerber, *Montréal Blues*. Voici que le fleuve — le très grand, très beau fleuve que vous savez, le Saint-Laurent qui a offert une si belle substance métaphorique à la poésie québécoise —, voici donc que le Saint-Laurent, de se trouver à Montréal, se transforme en une rue.

> Le vrai fleuve de Montréal n'est pas le Saint-Laurent. Lorsqu'on arpente les rues de la ville, le Saint-Laurent roule toujours un peu loin, un peu caché par des silos innommables, des injures de béton. Du moins c'était ainsi, au temps de mes premiers voyages. On le devinait seulement. Aujourd'hui encore, on aperçoit un morceau de pont par-ci, par-là, un lourd filet d'acier vert jeté par-dessus les maisons. [...]
> Le vrai fleuve de Montréal est un fleuve d'asphalte. Il charrie dans un silence de mort, vers cinq heures du matin, d'immenses pans de banquise urbaine, des stèles extravagantes couleur d'argile, d'ardoise et de fumée, couleur de nuit blanche. Rien ne ressemble plus à des ruines que des gratte-ciel glissant au fil de l'aube, imperceptiblement, dans la lumière exsangue. On appelait ce fleuve le boulevard Dorchester.

C'est là ce que Jules Lebeuf ne pouvait voir, mal dépris de la vision parisienne de Jules Romains, hanté par le besoin de nommer et de dominer, l'angoisse de l'identification. Nous sommes, ici sur cette île, dans le contigu, le permutable, le pluriel. Montréal à vrai dire n'a pas d'âme, et tous les Jules Lebeuf de notre littérature ne pourront, quoi qu'ils en aient, lui en donner une. Québec, avec ses souvenirs et ses vieilles portes, en a peut-être une. Montréal n'en a pas, ou en a plusieurs, trop, ce qui revient au même ; celles de ses divers quartiers par exemple, dont le Plateau Mont-Royal qui a obtenu une telle fortune romanesque depuis quelques années. Peut-on même parler du Montréalais ? Il n'existe pas non plus, du moins au sens que le Jerphanion de Jules Romain évoquait lorsqu'il se voyait « parisien ». Il existe, ou plutôt il a existé, en anglais : *Montrealer*, cela voulait dire quelque chose, depuis les McGill et les Van Horne, mais les Bronfman méritent-ils encore ce nom ? Celui qui vit à Montréal rit avec un peu d'amertume quand il se souvient du slogan inventé il y a quelques années par les autorités municipales : « La fierté a une ville ». Montréal n'est pas une ville fière ou dont on puisse être fier, à laquelle on puisse se vanter d'appartenir. Elle n'éblouit pas, comme le New York en érection que découvre le Bardamu de Céline. Mais, au bout de toutes ces négations, il faut dire qu'elle existe — autrement : toujours inachevée ; et par là peut-être, extrêmement, inconfortablement moderne.

Au centre, la *Main*

Parler d'une rue, c'est parler de toute la ville où elle se trouve, attribuer à la ville entière le sens particulier de cette rue. La rue Notre-Dame, en vertu de son nom et de la situation qu'elle occupe dans ce qu'on appelle le Vieux-Montréal, ne peut évoquer qu'un Montréal originel, un Montréal conservant avec ses origines françaises et catholiques un lien privilégié, et considérant avec suspicion les rues qui lui succèdent au nord, vouées à toutes sortes de commerces. Si je me transporte rue Sherbrooke — elle ne porte pas impunément un nom anglais —, j'imagine Montréal comme une belle ville de style britannique, avec demeures cossues, sièges sociaux, hôtels de luxe, galeries d'art, Université McGill ; c'est la rue des grands barons de l'industrie qui firent de Montréal une véritable métropole, et d'où les intérêts proprement francophones ne peuvent apparaître que comme excentriques, voire frivoles. La rue Saint-Denis, dans l'est, connote depuis quelque temps une ville en proie à la modernité langagière, toujours en mouvement, celle d'un Victor-Lévy Beaulieu ou d'une Yolande Villemaire. Chacune de ces rues, pour une période, une époque, un moment, se constitue comme centre d'un réseau de significations qui se propage à l'ensemble du corps urbain. Je dis bien : pour une période, car les rues sont aussi des temps. La rue Notre-Dame s'est éloignée depuis longtemps de nos paysages narratifs, quitte à faire une réapparition fantaisiste, comme un fantôme, dans *Le Nez qui voque* de Réjean Ducharme ; et la rue Sherbrooke, si prestigieuse, si riche de sens au temps des Hugh McLennan et autres professeurs de l'Université McGill, est devenue une rue parmi d'autres.

Mais la rue Saint-Laurent, elle, n'a pas à se faire centre. Elle l'est. Elle l'est d'abord géographiquement et municipalement, puisqu'elle coupe la ville de Montréal en deux, du sud au nord, et que c'est à partir d'elle que sont numérotés les édifices et les maisons, vers l'Est français et vers l'Ouest anglais. Mais, centrale, elle l'est encore, plus profondément, par la place qu'elle occupe dans le discours, en particulier le discours romanesque, et par les significations qu'elle porte. Elle a au moins deux noms : le noble, *boulevard Saint-Laurent,* qui peut devenir en anglais *St. Lawrence Boulevard* ; et le plus familier, plus affectueux, la *Main* (c'est-à-dire la rue Principale), utilisé aussi bien par les écrivains français que par les anglais. « Sans la *Main,* mes enfants, dit un personnage du roman de Jean Basile, *La Jument des Mongols,* je crois bien que je détesterais Montréal. » Et Andrée Maillet de renchérir, dans une de ses *Nouvelles montréalaises,* en parlant de la rue Saint-Laurent comme de « la principale rue de la ville, la ville en la rue ». Dans un roman de Michel Tremblay, *Des nouvelles d'Édouard,* elle sera tour à tour personnalisée par le personnage central, la Duchesse de Langeais : « La *Main* la réhabilitait », puis érigée en royaume : « Ses enfants étaient beaux, le Coconut Inn était le bout du monde, la *Main* était son royaume. » Nulle rue de Montréal n'a été plus souvent ni plus affectueusement décrite, par les romanciers et les chroniqueurs, par des écrivains montréalais ou étrangers. Parmi les très rares romans policiers dont l'action se passe entièrement à Montréal, il en est un qui s'intitule en anglais *The Main,* et qui ne sort jamais de cette rue et des rues immédiatement avoisinantes (car, notons-le ici, la *Main* désigne aussi un quartier). Ce roman, d'ailleurs écrit par un étranger, Trevanian, a été traduit en français sous le titre : *Le Flic de Montréal* (1979), et il n'y a là aucune trahison. Le flic de Montréal ne peut être que le flic de la *Main* ; entre la *Main* et Montréal — surtout si vous faites intervenir la police —, l'équivalence s'impose d'emblée.

Centrale, la rue Saint-Laurent, la *Main* n'est pourtant pas une rue vraiment principale, imposante comme, par exemple, la *Fifth Avenue* à New York, qui occupe une situation semblable ; elle n'est surtout pas une épine dorsale, un principe d'unité. Elle est un lieu trouble ; à la limite, un non-lieu, un ventre mou. Déjà, au milieu du XIXe siècle, dans le premier roman de quelque conséquence où elle apparaît, *Une de perdue, deux de trouvées* (1864-1865) de Boucher de Boucherville, elle se manifeste comme la répondante montréalaise des bas-fonds d'Eugène Sue.

> Un samedi d'été, vers neuf heures et demie, deux hommes marchaient rapidement, en remontant la grande rue du faubourg Saint-Laurent ; rendus à la rue Lagauchetière, ils tournèrent à droite. À une trentaine de pas, en arrière, suivait une autre personne qui, de temps en temps, frappait légèrement le pavé avec une canne, comme pour les avertir qu'il [*sic*] les suivait.
>
> — Connaissez-vous bien la place ? disait l'un de ces hommes à son compagnon...
>
> — Parfaitement. Mais je crois qu'il est un peu de bonne heure, pour l'y trouver.
>
> À mesure qu'ils avançaient, les fanaux devenaient de plus en plus rares, et bientôt ils furent dans une obscurité complète. La nuit était noire et chaude, l'atmosphère lourde.

Où vont-ils, ces deux hommes ? Dans le « Coin Flambant », où se trouvent des maisons « tenues par des personnes d'une réputation plus que douteuse sous le rapport de la morale ». Une de ces maisons, bien qu'il s'y produise régulièrement des orgies, est moins mal famée que les autres, pour la très évidente raison qu'elle est fréquentée par des bien nantis, des bourgeois. Les batailles y sont fréquentes entre Anglais et Français, mais elles se déroulent selon les règles de l'art et se terminent généralement par une bonne poignée de mains. Surtout, elles semblent être, bizarrement, sans rapport implicite avec les désordres qui ont lieu au même moment dans toute la ville, et qui préparent les insurrections de 1837-1838. Anglais et Français s'opposent, dans la ville, pour des motifs politiques, et Boucher de Boucherville parlera même d'une « haine de race » ; mais ici, à l'hôtel Saint-Laurent, les gentlemen s'affrontent pour de tout autres raisons, pour le sport. La politique semble également absente de l'autre établissement dont parle le roman de Boucher de Boucherville, et qui se trouve assez près du précédent. C'est un établissement moins noble, cependant, que l'auteur appelle « une sorte de tapis franc », se souvenant des *Mystères de Paris.* On y trouve, dit Boucherville, « ce que la ville renfermait de plus infime dans sa population », ce que nous appellerions aujourd'hui la petite pègre, voleurs de toutes sortes ; mais aussi, parce que la « boisson frelatée » y est moins chère qu'à l'hôtel Saint-Laurent, c'est le refuge des « cageux », des travailleurs. Les combats, dans cette taverne, se terminent sans poignées de mains.

Retenons de cette première incursion dans le faubourg Saint-Laurent, dont la « grande rue » n'est pas encore la rue principale que nous savons, la *Main,* quelques traits suggestifs :

— Le troublant, ou plutôt le trouble, le douteux, le mal famé, connotant en première instance le désordre moral : rue Saint-Laurent, on boit beaucoup, beaucoup trop, on se bat au moindre prétexte, on prépare des vols, des incendies criminels, et cetera. Mais le trouble signifie aussi le mélange, la réunion d'éléments disparates. On trouve de tout, rue Saint-Laurent : des Anglais et des Français ; des gentlemen et des voyous ; des voleurs et d'honnêtes travailleurs.

— D'autre part, bien qu'il s'y produise régulièrement des batailles, des rixes, ces affrontements ne reproduisent pas les conflits d'ordre politique qui, par ailleurs, divisent la ville. La rue Saint-Laurent est un lieu trouble, mais aussi un lieu « neutre », comme le dit Boucher de Boucherville ; et peut-être est-elle « neutre », essentiellement, parce qu'elle vit sous la loi du mélange, de la diversité.

Un peu moins d'un siècle plus tard, Mordecai Richler, écrivain juif anglophone, raconte son enfance dans un livre intitulé *Rue Saint-Urbain* (*Son of Smaller Hero*, 1955). Saint-Urbain, c'est tout près de Saint-Laurent, de la *Main* :

> La rue Saint-Laurent est située deux rues à l'est de la rue Saint-Urbain. Riche en surprises et en pittoresque, mais sordide aussi, sale et bruyante. Bruyante à l'extérieur, bruyante dans les boutiques et magasins où la marchandise, meubles ou légumes, est soit inesthétique, soit endommagée. Les pancartes annoncent encore : RABAIS FANTASTIQUES ou DEVONS TOUT LIQUIDER, mais les aubaines recherchées avec âpreté sont illusoires. Peut-être le sont-elles depuis toujours.
>
> La *Main* répondait à tous les besoins. Elle avait pour but de soutirer un peu d'argent au pauvre, mais en même temps elle nous amusait, nous instruisait et nous réconfortait.

La rue Saint-Laurent mériterait encore, ici, l'appellation de « Coin Flambant », mais pour des raisons qui ne sont pas celles du roman de Boucher de Boucherville. Ce n'est pas que, dans la *Main* des années soixante, manquent les tavernes, les beuveries, les voleurs, les bandits de toutes sortes — au contraire, on peut croire qu'ils se sont multipliés —, mais le sale, le bruyant, le trouble, le mêlé, s'appliquent plutôt, chez

Richler, à la vie diurne du quartier, de la rue, et se sont transportés du côté de la positivité vitale. On se bat encore, dans la rue Saint-Laurent, mais les protagonistes ont changé : ce sont des enfants juifs et des enfants canadiens-français, dans des bagarres en quelque sorte folkloriques, sans grande conséquence mais non sans signification. Ces bagarres manifestent une certaine complicité entre les deux groupes ethniques : ils se considèrent tous deux comme exclus de la légitimité sociale et économique réservée aux Anglais, aux WASP :

> La Main, rue des pauvres, était aussi une rue de démarcation. Plus bas, à l'est, les Canadiens français. Plus haut, à une certaine distance, les redoutés WASP (Protestants anglo-saxons de race blanche). Sur la *Main* elle-même, il y avait des Italiens, des Yougoslaves et des Ukrainiens, mais ils n'étaient pas considérés comme de véritables Gentils. Même les Canadiens français, nos ennemis pourtant, nous ne les détestions pas à mort. Comme nous, ils étaient pauvres et communs, ils avaient des familles nombreuses et parlaient mal l'anglais.

En somme, les choses sérieuses, politiques et commerciales, se passent ailleurs, chez les WASP. Ici, rue Saint-Urbain, dans le quartier de la *Main,* les combats mêmes, d'autant qu'ils mettent aux prises des enfants ou des adolescents, ont la liberté et l'innocence du jeu. Cette liberté est d'ailleurs compatible, et plus que compatible, avec le « sordide », le « sale » et le « bruyant » du boulevard Saint-Laurent, qui appartiennent à la vie immédiate et donnent au mot commerce un sens humain qu'il a évidemment tendance à perdre dans les grands établissements, les grands magasins de la rue Sainte-Catherine.

Ainsi, bien que la rue Saint-Laurent ait conservé quelques traits de la « grande rue » décrite par Boucher de Boucherville, notamment le côté « sordide » et « sale » de même que le goût de la bagarre, elle s'est évidemment beaucoup transformée durant le siècle qui conduit à la *Main* de Mordecai Richler. Il est peut-être devenu nécessaire de la décrire un peu plus concrètement, telle qu'elle apparaît aujourd'hui ; ou plutôt, car elle change vite, telle qu'elle était il y a dix ou vingt ans. On aura noté que les Anglais et les Français de Boucher de Boucherville n'y sont plus seuls ; ils ont été submergés durant un siècle par plusieurs vagues d'immigration, notamment par la forte immigration juive qui nous a donné Mordecai Richler. La rue Saint-Laurent naît dans le port de Montréal, à l'extrémité sud de l'île. Elle traverse rapidement le Vieux-Montréal, où se trouvent le Palais de justice et quelques édifices municipaux, puis elle monte tout droit, comme nos rues ont l'habitude de le faire, vers le nord. Elle croise la rue Lagauchetière, dont il a été question dans *Une de perdue, deux de trouvées*, et que l'on retrouve dans plusieurs textes récents. Elle traverse un quartier chinois assez peu important et se donne, en approchant de la grande artère qu'est Sainte-Catherine, une allure moins recommandable : cinémas pornos, cafés et restaurants un peu sordides mais où se fabriquent, dit-on, les « hot dogs steamés » (cuits à la vapeur) les meilleurs du monde, quelques petits commerces, de la prostitution. Au milieu de ce capharnaüm se dresse un édifice étonnant, à la façade très ornée, le Monument National, érigé autrefois par la très nationaliste Société Saint-Jean-Baptiste et qui devait faire partie de Champs-Élysées montréalais qui n'ont jamais été réalisés. C'est au nord de la rue Sainte-Catherine que la présence juive commence à se faire sentir, et bien sûr, également, la bigarrure ethnique apportée par l'immigration plus récente. Le décor change : plusieurs manufactures de vêtements, des boutiques, des magasins d'alimentation petits ou grands. Un peu plus haut, aux alentours de la rue Rachel, des Portugais rénovent de vieilles maisons, les peignent de couleurs vives et se construisent une église à leur façon. Plus haut encore, un gros quartier italien, de colonisation plus ancienne, où le très cossu côtoie le très modeste.

Enfin, sur plusieurs kilomètres, jusqu'à l'extrémité nord de l'île, la rue Saint-Laurent devient quelconque, semblable à toutes celles qui fuient le centre de la ville pour gagner quelque improbable éden nordique.

C'est dans sa partie sud, entre la rue de la Gauchetière et le quartier portugais, que la rue Saint-Laurent est véritablement la rue Saint-Laurent, c'est-à-dire la *Main*. C'est là qu'on trouve les personnages d'Andrée Maillet, de Jean Basile, de Michel Tremblay. Notons d'abord que, au contraire des personnages de Mordecai Richler qui sont d'ailleurs d'une époque antérieure, ils n'y habitent pas. Les Canadiens français, les Québécois francophones, dans l'imaginaire romanesque, n'appartiennent pas, comme les Juifs, les Polonais, les Yougoslaves et les autres, à la rue Saint-Laurent ; ils n'en sont pas, ils y viennent, attirés par la rue même, par la vie de la rue, plutôt que pour quelque affaire déterminée. Rue Saint-Laurent, les Canadiens français deviennent eux aussi, d'une certaine façon, des immigrants.

Aucune rue, semble-t-il, n'est plus une rue que la *Main* ; et la rue, c'est la foule. Dans les premières pages de son roman, c'est ainsi que Trevanian la décrit, pleine de gens, encombrée, bruyante :

> Les gens se hâtent, cou rentré dans le col, épaules crispées contre le froid perçant. Les jeunes et ceux qui sont pressés s'impatientent contre la masse anonyme qui piétine. Bousculant les uns, les autres, ils se fraient à coups d'épaule un passage, effarouchent les vieux, exaspèrent les promeneurs. Foule irritable et bourrue [...].
> La foule se coagule aux carrefours, bute contre les poubelles qui barrent le trottoir, mêlée compacte de créatures solitaires. Visages tendus, tourmentés ou vides, chaque profil découpé par le néon livide des snack-bars, des saloons et des cafés.

Décrivant cette foule, Trevanian ne peut éviter de penser

à l'expression du sociologue américain David Riesman, *the lonely crowd* (la foule solitaire), et il conjurera, pour la perfection dialectique du tableau, une image de solitude qui, inscrite dans les premières pages du roman, reviendra également à la fin :

> Dans la vitrine d'une poissonnerie, un aquarium aux parois verdies par les algues... Une carpe solitaire y glisse de long en large dans un désespoir halluciné.

Mais c'est là une image américaine, importée de New York, qui n'a pas grand-chose à voir avec l'imaginaire montréalais. Quand le « promeneur » des *Nouvelles montréalaises* (1966) d'Andrée Maillet se rend rue Saint-Laurent, c'est au contraire pour se perdre dans la foule, pour s'y réchauffer, pour échapper au carcan de son identité propre et peut-être de sa solitude :

> Samedi soir, rue Saint-Laurent — les spasmes du néon, les odeurs de saucisses, de patates frites et de *gefeltefish* — l'homme n'est jamais isolé. J'aime à me l'imaginer capitaine ayant livré son fret, matelot, maquereau, commerçant : il en est mille espèces, ou homme-sandwich, ou « collet blanc ». L'homme, enfin, est prince, maître, rue Saint-Laurent, le samedi soir. Il est homme à tout faire. Il est mâle ou femelle, ou bien a oublié tout ce qu'il fut, et vieux, mendie sans foi, pour voir s'il y a encore des fous parmi les sages qui se fourvoient.

L'homme, donc ; sans qualification, sans détermination particulière ; l'homme essentiel, ou plutôt l'homme commun, dans la généralité de son nom. Le texte ne cesse pas d'y revenir, d'insister :

> On y sent l'homme, on y sent la race humaine, l'animal à deux pattes qui mène la nature tant qu'il peut, l'humanité

> soufflante, celle qui a un cœur drôle, un ventre qu'il faut remplir avec discernement et des idées sur tout.

Dans la foule, le narrateur choisit d'isoler deux groupes, ou deux types, qui se définissent de façon négative, par ce qu'ils ne sont pas, par les déterminations auxquelles ils échappent. Il y a d'abord les « bonnes filles », qui ne sont pas les filles des quartiers bourgeois et ne sont pas non plus les « guidounes », les filles de joie. Elles viennent dans la *Main* vivre leur samedi soir, deux à deux ou en compagnie de leur homme. Elles portent des bigoudis, parce qu'elles doivent être bien coiffées pour aller à la messe le lendemain. (On est au début des années soixante.) Ce sont, dit le narrateur, des femmes « reposantes », parce qu'« elles ne se masquent jamais », elles « ne nagent pas entre deux eaux » ; elles sont totalement elles-mêmes, elles coïncident parfaitement avec leur être. L'autre groupe, moins sympathique, est constitué par des jeunes gens qui, pas assez finauds pour être promus bandits, passent la soirée à regarder passer le monde. Ce ne sont pas des bandits, et ils ne sont pas non plus ouvriers ou étudiants. Des « jeunes gens de la ville », dit le narrateur, entièrement définis par la réalité urbaine, faisant partie du « décor de la ville ».

Ce que vient chercher le « promeneur » d'Andrée Maillet rue Saint-Laurent, le samedi soir, c'est — ne craignons pas les grands mots — un salut, une sorte de rédemption. Il vient y retrouver son humanité, son corps. La foule, dit-il :

> Je me trempe dedans, je m'imbibe d'elle, enfin je la respire par tous mes pores et je m'en gonfle. Je ne suis plus un paquet d'os, un insecte desséché, blanchi, un quelconque bourgeois souffreteux, non pas ! Tenez, je suis comme ce grand gars bien moulé dans son chandail, qui a des yeux polissons et du sang rouge et chaud plein de grosses veines ; et je suis comme ces bonshommes en *mackinaws* rouge et noir qui tanguent

en marchant. J'ai moi aussi, le feu aux joues, l'éclair aux yeux, des mains énormes pleines de désirs. Je deviens la foule, vraiment, j'en vis ! Je vis ici autrement qu'ailleurs, autrement plus qu'ailleurs.

La rue Saint-Laurent, donc, ou la rédemption par la foule. Mais s'il est question du corps pour la partie sud de la rue, entre le Vieux-Montréal et la rue Sainte-Catherine, c'est de liberté plus précisément qu'il sera question plus haut, lorsque la *Main* devient la rue principale d'un ghetto, parmi les juifs hongrois, polonais, russes, et cetera, parmi ces « faciès étranges », dit le narrateur.

La rue Saint-Laurent me donne l'impression de voyager, et plus encore de choir soudainement en plein mitan de ce pays libre dont on parle pour en souhaiter l'existence, sans croire qu'il existe pour de vrai. Et je suis un homme retrouvé parce qu'égaré au milieu des étrangers.

Pays libre : l'expression peut surprendre, si l'on pense au « Québec libre » du mouvement indépendantiste que le général de Gaulle lancera bientôt du balcon de l'hôtel de ville de Montréal ; et il est d'autant plus inévitable d'y penser qu'Andrée Maillet fut une indépendantiste de la première heure. L'expression étonne, parce qu'il ne s'agit pas de la même liberté. Le « Québec libre » connote, par la force des choses, les idées de frontières, de cohésion nationale, d'unité, alors que, tout au contraire, la *Main* libre — si l'on peut dire — implique une ouverture extrêmement décidée sur la diversité, la généralité humaines, un véritable décentrement. « La liberté, demande le narrateur, est-ce donc être anonyme ? Est-ce n'appartenir à rien ni personne ? Est-ce faire ce qui nous plaît sans qu'on vienne nous déranger ? C'est un peu tout ça ensemble, et puis autre chose aussi que j'ignore, que je ne possède pas puisque, dans ma quête, je viens ici pour en obtenir, tout au moins, l'illusion. » Cette liberté-là, la liberté de la *Main*, efface toute frontière ; et, plus outre, elle supprime la question même de l'identité, cette question qui a fait tant couler d'encre et provoqué tant de manifestations au Québec.

> Ainsi, le samedi soir, je tends à n'être qu'un promeneur sans identité afin de m'identifier à ceux qui vont et viennent. J'oublie un instant qu'il me faudra rester là où l'on m'attend sans hâte, et quand il arrive, ce moment de retourner chez moi, j'ai bel et bien le sentiment de « prendre mon trou », selon l'expression de mon père. Qui m'oblige à rentrer ? La fatigue, pardi ! Elle me guette, la mort à ses côtés, du coin de l'œil, mais, connaissant mes limites, je les déjoue toutes les deux.

Retourner chez soi, c'est mourir, « prendre son trou » : on remarquera la violence de l'expression, due sans doute à une révolte rentrée.

En arrivant rue Saint-Laurent, en faisant l'expérience de la *Main*, on quitte donc le Montréal des habitudes travailleuses, des définitions sociales ou raciales, le Montréal politique, le Montréal du « chez-soi », pour entrer vraiment dans une autre ville, qui contredit la première ou, mieux peut-être, en accomplit le vœu inavoué, celui de l'hétérogénéité, du divers. Le principe de cette diversité, qui est en même temps, paradoxalement, une fusion, c'est la foule même, la loi de la foule, qui ne supprime pas les différences mais abolit les distances[1]. C'est par le corps, par la pression corporelle, qu'elle

1. Sur la perte d'identité provoquée par la rue, par la ville, voir Michel de Certeau, *L'Invention du quotidien. 1. Arts de faire*, Paris, Union générale d'éditions, coll. « 10/18 », 1980 : « L'identité fournie par ce lieu est d'autant plus symbolique (nommée) que, malgré l'inégalité des titres et des profits entre citadins, il y a là seulement un pullulement de passants, un réseau de demeures empruntées par une circulation, un piétinement à travers les semblants du propre, un univers de locations hantées par un non-lieu ou par des lieux rêvés » (p. 188-189).

se construit ; et, là-dessus, le texte d'Andrée Maillet demeure un peu timide, il dit plus qu'il ne montre. Jean Basile, par contre, le romancier de *La Jument des Mongols* (1964), ira droit à l'essentiel, au ventre, à la nourriture. Il décrira la *Main*

> des gargotes et des gargotiers qui vendent des frites, du maïs dit blé d'Inde cuit à l'eau et réchauffé à la vapeur pour lui enlever ce qui lui restait de goût, des chiens-chauds, des hamburgers, plus de nombreux sandwichs au fromage, au jambon, aux œufs, toastés ou non, avec moutarde, *relish,* salade verte ou rondelle de tomate selon que l'on aime ça ou non, des tartes aux pommes, bleuets, raisin, sucre, crème glacée, beignets grecs et autres friandises maison, des cafés crème sucre, diverses limonades, Coke, Seven-Up, Pepsi, bière d'épinette, Pepsi essentiellement, la vraie bière nous la trouvons dans d'autres établissements et je n'oublierai pas davantage les odeurs, celles-ci corporelles…

Je passe les odeurs, aussi riches, aussi substantielles, aussi puissamment corporelles que la nourriture gastronomique ci-dessus décrite par Jean Basile. On pense à Rabelais lu par Bakhtine, au ventre et à l'intestin conçus comme lieux privilégiés de la régénération. L'idée de rédemption par la rue, déjà présente dans le texte d'Andrée Maillet, s'inscrit ici dans la réalité corporelle la plus pressante, la moins discutable. Observons un paradoxe : l'effet de concret est obtenu, dans le texte de Jean Basile, par l'introduction dans le vocabulaire local de corps étrangers, par exemple le mot « maïs » dont l'auteur note lui-même qu'il n'est pas utilisé à Montréal, le mot « chien-chaud » qui est une traduction peu usitée du terme « hot dog », encore et surtout par le mot « limonade », directement importé de Paris pour désigner ce qu'on appelait simplement, chez nous, une « liqueur ». Ce ne sont pas là des fausses notes, des dissonances dans le langage naturel de la rue Saint-Laurent. C'est, au contraire, le langage de la vérité.

Grâce à lui, la *Main* s'ouvre, selon sa vocation propre, sa vocation de diversité et d'universalité, au vocabulaire européen, comme ses magasins d'alimentation, ses restaurants reçoivent les produits de toutes les parties du monde.

Le texte de Jean Basile attribue à la rue Saint-Laurent un autre caractère, suggéré déjà par l'idée de foule : celui du spectaculaire — ou du faux, du clinquant, de l'inauthentique. Montréal, dit-il, ce n'est ni Venise, ni Babylone, ni Carthage, villes fabuleuses, quasi mythiques, auxquelles la *Main* ne saurait évidemment se comparer ; mais, poursuit-il, elle est

> un peu Athènes cependant avec ses nombreux Grecs qui ouvrent ici et là clubs et restaurants remplis immanquablement de fausses fleurs, pergolas, cieux, danseuses turques le nombril orné d'une pierre du Rhin épaules couvertes de voiles de nylon façon mousseline, enfants du Pirée d'ailleurs plutôt spartiates, musique jouée par des instrumentistes amateurs sur des *bouzoukis* faux et la cupidité, vraie celle-là il faut bien qu'une chose soit de temps en temps authentique.

Notons : « fausses fleurs », « *bouzoukis* faux ». En première instance, ce thème paraît contredire celui de la nourriture, du ventre, de la vérité corporelle ; il s'agit bien toujours cependant, comme le dit un personnage, de prendre la « ville aux tripes ». La rédemption promise et accomplie par la rue Saint-Laurent n'est pas retour mais déplacement, transformation. Et c'est pourquoi elle a partie liée avec le faux, l'imité. Ou encore avec le déguisement, dont la forme corporelle par excellence est le tatouage, également pratiqué rue Saint-Laurent. Ceux qui s'y soumettent, dit le roman, « vont parfois jusqu'à s'évanouir, du moins la première fois, non pas de douleur car l'opération se pratique sans mal, mais comme si une volonté inconnue et toute-puissante leur inspirait ce simulacre de mort afin de renaître un autre homme, autant dire une sorte de métempsychose à leur mesure ». La rue Saint-Laurent est un passage : pour les immigrants sans doute, au premier chef, partagés entre leur ancienne identité et la nouvelle, et qui d'ailleurs, la prospérité venant, quitteront la *Main* pour des quartiers plus nobles ; mais aussi bien pour tous ceux qui la fréquentent et qui, de façon permanente comme les tatoués de Jean Basile ou de façon temporaire comme les personnages d'Andrée Maillet, sont appelés pour ainsi dire à *changer de peau.*

Tel est le cas, évidemment, des travestis que Michel Tremblay met en scène dans son œuvre romanesque et théâtrale, et particulièrement de la Duchesse de Langeais, dont la mort flamboyante illumine les premières pages du roman intitulé *Des nouvelles d'Édouard* (1984). La Duchesse de Langeais, c'est Édouard, un travesti comme tous ceux qui se retrouvent sur la scène du Coconut Inn, rue Saint-Laurent : Paula-de-Joliette, Jennifer Jones, Greta-la-vieille, Rose Latulippe et les autres. L'équivoque sexuelle approfondit ce que disent également le changement de nom et, surtout, le maquillage. Exemple extrême : « Les mauvaises langues [...] prétendaient que Jennifer Jones n'avait pas de vrai visage, qu'elle était née maquillée et que sa mère, à sa naissance, apercevant ses faux cils, s'était écriée : C't'un monstre ! » Des monstres, en effet, au sens strict, tous ces travestis dont la Duchesse de Langeais est en quelque sorte la mère, c'est-à-dire des êtres composites, mixtes, comme les sirènes dont parle Michelet dans *La Mer,* qui sont des êtres à mi-chemin de l'animalité et de l'humanité, du règne marin et du règne terrestre. Cette équivoque, qui est un des signes principaux de la rue Saint-Laurent, il importe qu'elle soit maintenue, protégée. Le roman parle avec mépris d'un travesti s'apprêtant à subir l'intervention chirurgicale qui fera de lui une femme biologique, et qui par là trahira l'esprit même de la *Main.*

Or, celle qui par excellence incarne cet esprit, la véritable mère des « monstres » de la *Main,* est condamnée. Elle est d'abord exclue du club, le Coconut Inn, où elle a connu ses plus grandes heures de gloire ; et, à la fin, elle sera tuée — on oserait dire : sacrifiée, tant le texte insiste sur l'aspect quasi rituel du meurtre — par un « minable » appelé Tooth Pick. Sacrifiée, sur quel autel ? Sur l'autel du progrès, du changement technologique. La Duchesse de Langeais est condamnée comme un vieil édifice de la *Main* voué au pic du démolisseur :

> Paula comprit, que peu à peu la Duchesse était devenue l'image même de ce qui faisait peur à tout le monde, clients autant qu'artistes, à tout ce beau monde qui venait ici presque chaque soir oublier le temps qui passe pour rien. Elle la haïssait encore plus, cette preuve vivante de la décrépitude, de l'accablement, de l'effondrement.

Mais ce n'est pas seulement la décrépitude qui condamne la Duchesse ; ce sont également, ce sont surtout les valeurs mêmes qu'elle défend, et qui ne sont plus reçues dans le monde nouveau de la *Main*. La première de ces valeurs, c'est le *fun*, le plaisir, la drôlerie. « Elle qui avait été si drôle ! lamente la même Paula. Jamais belle, non, mais drôle ! À mourir ! » Et la Duchesse elle-même, reprise par ses souvenirs : « Dans not' temps… non… dans *mon* temps, on se mettait su'l'dos n'importe quoi qui avait l'air d'une robe pis l'imagination faisait le reste… Au moins, on n'était pas sérieuses… pis on avait du fun ! Aujourd'hui, y se font toute couper en pensant que ça va toute changer pis y sont condamnés à pus *jamais* avoir de fun. » La distinction entre l'ancien et le nouveau temps, on le voit, est celle qui distingue le vivant du mécanique, l'ambigu de l'univoque. La Duchesse de Langeais appartient vraiment au « folklore » de la *Main*, comme le note un personnage, parce qu'elle appartient à la parole, à la parole vive, la parole drôle mais aussi la parole méprisante, méchante à la limite, qui coupe *dans le vif*. La

Main ainsi n'est pas seulement une rue, elle est peut-être surtout un langage, une parole, et c'est à ce titre qu'elle est déclarée dépassée, folklorique par les forces de progrès (celles qui par exemple, on l'a vu plus haut, peuvent transformer *véritablement* un homme en femme et lui faire perdre les grâces du travestissement). Avant d'aller mourir, de la façon la plus spectaculaire possible, au coin des rues Saint-Laurent et Sainte-Catherine déserté par les fêtards parce que la nuit est trop avancée, avant de se donner à elle-même ce dernier spectacle dérisoire, la Duchesse va longuement se souvenir, devant un Monument National également décrépit, des grands acteurs et des grands chanteurs qui y célébrèrent le plaisir et le langage, le plaisir du langage. Ce qui meurt ici, ce n'est pas seulement la Duchesse de Langeais, c'est toute une culture, la haute et la basse en même temps, un art de parole dont l'œuvre de Tremblay ne cesse pas de chanter les fastes surannés.

La *Main*, la « vraie » *Main* est-elle donc morte, comme le suggèrent tour à tour Andrée Maillet, puis Mordecai Richler, puis Michel Tremblay ? On reconnaît là un motif de la fin qui est un des *topoï* les plus répandus du discours moderne quand il rencontre la prétention de l'authentique, et qui paradoxalement accorde à ce qui semble finir une étrange permanence. Ce qui est précieux, vrai, originel est toujours en train de mourir, comme le détective La Pointe de Trevanian, atteint d'une affection cardiaque qui peut le tuer d'un moment à l'autre...

La *Main* existe encore assurément dans sa matérialité, et il suffit d'y faire une courte promenade pour retrouver quelques-uns de ses hauts lieux (le restaurant Moishe, entre autres, célébré par Mordecai Richler), une densité de saleté assez particulière malgré la multiplication des petits cafés à la mode et la présence de la librairie Gallimard, enfin cette impression de mixité culturelle qui est depuis presque toujours son apanage. C'est la *Main* textuelle qui, semble-t-il, s'exténue. On peut faire l'hypothèse qu'elle n'a pas perdu sa signification mais que, bien au contraire, les sèmes essentiels de la rue ont essaimé, se sont répandus dans la ville entière, ont envahi la conscience urbaine générale. La *Main* signifiait l'altérité, le mélange, voire une vacance par rapport aux conflits raciaux et linguistiques, une possibilité d'accès à la mondialisation par l'oubli, sinon la disparition des différences ; cela ne se lit plus maintenant dans la *Main*, ou seulement dans la *Main* — la *Main* du « samedi soir » où se promène le personnage d'Andrée Maillet, où meurt la Duchesse de Langeais — mais, tous les jours, dans plusieurs rues, plusieurs quartiers. On pensera au roman de Francine Noël, *Babel, prise deux* (1990), dont l'action se passe à bonne distance de la *Main*, dans le quartier d'Outremont ; on pensera même au roman d'Yves Beauchemin, *Juliette Pomerleau* (1989), habité par une faune humaine décidément pluriethnique. La *Main* était une évasion, marquée par l'exotisme ; ou encore, pour les immigrants, un lieu de passage. Elle n'est pas devenue tout à fait une rue comme les autres, mais les autres rues de Montréal ont commencé à l'imiter. N'est-ce pas Montréal tout entière qui serait devenue une ville d'immigrants ?

Que sont les cent clochers devenus ?

Ville, texte, sacré

Ville, on croit savoir ce que ça veut dire. Cela s'oppose, par exemple, à campagne, comme vie urbaine s'oppose à vie rurale, mais il ne manque pas de penseurs, aujourd'hui, pour affirmer qu'une telle opposition est périmée. « La ville n'existe plus, dit Marshall McLuhan dans *Counterblast,* sauf à titre de fantôme culturel pour touristes. N'importe quelle gargote de grand route, avec son appareil de télévision, ses journaux et ses magazines, est aussi cosmopolite que New York ou Paris. Le paysan a toujours été un parasite de banlieue. Le fermier n'existe plus ; il est, aujourd'hui, un homme de la ville. [...] La ville est obsolète. Demandez-le à l'ordinateur. Il est à la ville ce que le LSD est au campagnard électronique ; il met fin aux buts, aux objectifs, aux points de vue. » Parler de culture urbaine n'aurait donc aucun sens ; ce serait une redondance pure.

J'accole au mot « ville » celui de « texte » qui est lui aussi, dans la pensée actuelle, extrêmement expansif, défini par la « productivité » et le « jeu infini » plutôt que par le genre, la clôture, le message. Dans son essai sur la littérature, *Le Don des morts,* Danièle Sallenave a montré ce qui autrefois faisait de la ville un livre, et du livre l'équivalent d'une ville :

> Qu'est-ce que c'était qu'une ville ?
> La même chose qu'un livre. Comme la vie avec le livre, la vie dans les villes affirmait la primauté de l'esprit et de la mémoire sur les choses ; consacrait le triomphe des raisons sur le cours naturel du monde. Deuxième naissance de l'humanité : les livres, les villes. Les villes étaient la forme supérieure de l'existence humaine, car, pour être homme pleinement, il faut naître à la vie de l'esprit ; et la vie de l'esprit ne s'épanouit pleinement que dans les villes. En passant des villages aux villes, de la campagne aux capitales, et de la parole aux livres, l'humanité naîtrait une deuxième fois.
> Car les villes et les livres ne font qu'un ; ils imposent au désordre du monde l'ordre d'une lecture possible.

Il va sans dire que plusieurs des articulations de cette belle page appellent la discussion, et qu'un Marshall McLuhan ne se priverait pas de les critiquer, même si les deux textes se rejoignent dans le constat. Il contesterait sans doute l'équivalence que pose Danièle Sallenave entre « vie de l'esprit » et livres. Et, surtout, il ne se désolerait pas comme elle du remplacement de la ville par ce qu'elle appelle, d'un terme violemment dépréciatif, la « banlieue générale ». Pour McLuhan comme pour Danièle Sallenave, la forme « livre » et la forme « ville » correspondent l'une à l'autre, mais, pour le premier, elles relèveraient d'un ordre visuel éminemment rationaliste, au sens étroit du mot, alors que l'ordre acoustique — qui périme en même temps le livre et la ville — serait au contraire tout à fait propice à la renaissance conjuguée du spirituel, de l'imaginaire, de la liberté créatrice. Texte et « banlieue générale » s'opposeraient à livre et à ville, comme la productivité au produit, la prolifération du sens à la mise en ordre du sens.

J'ai employé, dans mon sous-titre, le mot « sacré ». Il ne convient pas tout à fait à l'expérience religieuse de la foi chrétienne, du moins telle qu'elle se présente dans le langage de ses spirituels et de ses théologiens. Il se pourrait même, on l'a dit bien des fois, que le christianisme soit précisément voué à l'évacuation du sacré, et même — à la limite — du religieux. Le sacré reste près des signes concrets, des images, des idoles ; il s'exprime par exemple par les anges de Rilke, qui n'ont avec la tradition chrétienne que des rapports ambigus. Mais ces rapports existent, et le mot « sacré » suggère une dérive semblable à celle que j'ai notée pour la ville elle-même et pour le livre. La ville originaire, la ville de l'*in illo tempore*, celle des temps les plus anciens comme celle dont on imagine qu'elle précède tout juste la nôtre, la ville invariable pour ainsi dire, s'associait tout naturellement au livre et au sacré, elle n'avait de sens que par le livre et le sacré. Et c'est du même mouvement, semble-t-il, que les trois mots de mon sous-titre ont été entraînés dans cette « mort » dont parlait Nietzsche à propos de Dieu.

* * *

Partons du lieu par excellence où se rencontrent la ville, le texte et le sacré : l'église même, l'édifice église, dans son inscription romanesque. J'écarte, bien entendu, l'église villageoise, qui est assez souvent présente dans le conte, mais par son perron, où l'on échange les potins du coin, plutôt que par la prière commune. Cette église, la plus traditionnelle, a plus d'extérieur que d'intérieur. Le temple urbain est, littérairement, plus rare. Deux raisons expliquent, en première instance, une telle rareté : le roman occidental moderne dans lequel, *volens nolens*, s'inscrit le roman québécois, est radicalement laïque, a-religieux sinon anti-religieux, et l'on peut même penser qu'il tire une partie de son sens d'une forte volonté de laïcisation ; d'autre part, non seulement les églises mais aussi les édifices publics y occupent très peu d'espace. La sphère romanesque privilégie le privé — la maison, le salon, la chambre à coucher, peut-être aussi le restaurant ; mais le restaurant n'est pas vraiment un lieu public — et la personne individuelle, autonome, maîtresse de son destin. L'église sera donc, dans le roman, et même si ce roman se déroule dans « la ville aux cent clochers », un lieu exceptionnel, où l'on va peu souvent, pour des raisons confuses où se mêlent, cela va de soi, le spirituel et le social, et peut-être même un *hors-lieu,* où les intérêts habituels trouvent une sorte de vacance.

Lisons-la d'abord, cette église, dans le premier grand roman urbain de la littérature québécoise, celui qui constitue le seuil obligé de la vision du monde dont nous vivons encore, *Bonheur d'occasion* (1947) de Gabrielle Roy. Ce roman tire sa grandeur — je n'hésite pas à employer le mot — de son appartenance profonde à une de ces « époques de transition » dans lesquelles Georges Lukacs voyait le terrain le plus fertile du grand roman réaliste[1]. On y voit se mêler, dans le bouillonnement, le désordre des transitions, les signes de l'ancien et du nouveau, mal démarqués les uns des autres, sans que le lecteur puisse décider s'ils appartiennent à la colonne des pertes ou à celle des profits. Nous sommes dans un quartier urbain, celui de Saint-Henri, avec ses usines, ses petits restaurants, la voie ferrée qui le traverse, sa très petite bourgeoisie, ses pauvres, ses logis entassés les uns sur les autres. Saint-Henri demeure, comme le note la romancière, une sorte de village ; il n'a pas entièrement rompu avec la culture villageoise, et c'est pourquoi l'église paroissiale y est encore un signe de rassemblement, de cohésion sociale. C'est à ce titre que l'église nous apparaît d'abord, de l'extérieur :

1. Georges Lukacs, *Balzac et le Réalisme français,* Paris, FM/Petite collection Maspero, 1967, p. 13 : « Toute grande époque est une époque de transition, est l'unité contradictoire d'une crise et d'une rénovation, d'une ruine et d'une renaissance. »

> Le train passa. Une âcre odeur de charbon emplit la rue. Un tourbillon de suie oscilla entre le ciel et le faîte des maisons. La suie commençant à descendre, le clocher de Saint-Henri se dessina d'abord, sans base, comme une flèche fantôme dans les nuages. L'horloge apparut ; son cadran illuminé fit une trouée dans les traînées de vapeur ; puis, peu à peu, l'église entière se dégagea, haute architecture de style jésuite. Au centre du parterre, un Sacré-Cœur, les bras ouverts, recevait les dernières parcelles de charbon. La paroisse surgissait. Elle se recomposait dans sa tranquillité et sa puissance de durée. École, église, couvent : bloc séculaire fortement noué au cœur de la jungle citadine comme au creux des vallons laurentiens.

La suie d'abord, c'est-à-dire le monde industriel, urbain ; puis, s'en dégageant peu à peu, comme une sorte de miracle à tout coup renouvelé, le clocher, l'église tout entière, enfin la paroisse. Cette renaissance fait suite à une disparition périodique qui donne à l'expression « puissance de durée » une signification assez différente de celle qu'on trouvait dans la pensée traditionnelle, celle de Monseigneur Paquet ou du chanoine Groulx. Il y a évidemment contradiction entre l'affirmation de permanence et cette oscillation du clocher, de la paroisse, entre la présence et l'absence. Le clocher reviendra deux fois dans le roman : en premier lieu dans « la grande paix du dimanche », pour sonner les vêpres ; ensuite, pour donner l'heure à un Jean Lévesque peu attiré par la religion : « Le cadran illuminé de l'église de Saint-Henri marquait près de minuit, lorsqu'il s'engagea dans la rue Notre-Dame. » Le clocher n'est pas seulement masqué par la suie de la locomotive ; il l'est également par celle des soucis ordinaires. Cette église paroissiale n'a, en vérité, rien de paroissial. Il suffit de penser à l'église des romans de Roger Lemelin, *Au pied de la pente douce* et *Les Plouffe*, pour constater ici d'énormes absences : pas de curé, pas de marguilliers, pas de sermon, aucune action communautaire.

Que trouverons-nous donc, dans cette église de Saint-Henri, lorsque nous y entrerons ? Des solitudes, des consciences profondément solitaires, même si nous y entrons à l'heure de l'office. Cela se produit à deux reprises au cours du roman. Et, dans ces deux occurrences, le récit met en scène le couple Florentine-Emmanuel. Florentine Lacasse, la jeune fille pauvre, est passionnément amoureuse de Jean Lévesque, qui l'abandonnera après lui avoir fait un enfant : c'est qu'il veut, lui, réussir son ascension sociale, à tout prix. D'autre part, elle est aimée par un jeune homme de la petite bourgeoisie de Saint-Henri, Emmanuel Létourneau, jeune homme pétri d'idées sociales généreuses, par qui elle se fera épouser à la fin du roman pour régulariser sa situation. La première scène d'église a lieu au petit matin, après un *party* chez les Létourneau. Cela se faisait fréquemment à l'époque : après une soirée de danse, on allait à l'église faire bénir tout ça. Emmanuel, qui commence à aimer Florentine, trouve dans l'atmosphère feutrée de l'église la confirmation, pour ainsi dire, de son sentiment amoureux, mais il en va tout autrement pour Florentine, car elle ne cesse de penser à l'autre, à Jean Lévesque, et elle va entreprendre dans ce lieu une série d'opérations que l'on pourrait qualifier de magiques, pour obtenir le retour de Jean. Elle s'adresse à la Vierge. Elle promet une neuvaine. Elle fera les neuf premiers vendredis du mois. Elle ira à la messe tous les matins. Elle se privera de cinéma durant six mois. Elle ira à l'Oratoire, elle montera le grand escalier à genoux. On reconnaît là les signes d'une croyance populaire qui réduit le sacré à son utilisation immédiate. Or, pendant ce temps, ne l'oublions pas, c'est Emmanuel qui se trouve aux côtés de Florentine, ils forment un couple, et le premier a toutes les raisons de croire que la prière de la jeune fille suit les mêmes chemins que la sienne. L'église est donc, dans cette scène, le lieu par excellence du malentendu. Malentendu entre Florentine et Emmanuel ; plus largement, malentendu entre l'offre et la demande, l'offre ecclésiale qui n'a cure des circonstances de la vie quotidienne, et la demande de Florentine qui va très précisément en sens contraire.

Une autre fois, cent cinquante pages plus loin, Florentine et Emmanuel se rencontrent à l'église, à la sortie de la grand-messe. Florentine sait maintenant que Jean Lévesque l'a quittée pour de bon, et qu'elle porte un enfant de lui — ce qu'ignore Emmanuel. Cette fois, l'ordre des événements est inversé : la danse, la fête, le contact des corps ne précèdent pas l'office, mais le suivent. La bénédiction précède, autorise en quelque sorte la manœuvre qui va se faire au restaurant. Florentine, enceinte des œuvres de Jean Lévesque, doit se débrouiller, se sortir d'embarras, c'est-à-dire trouver un père de remplacement. Emmanuel, idéaliste et donc un peu naïf, fait évidemment l'affaire, et tout au long de la scène qui suit la rencontre, la jeune fille mène une campagne de séduction, d'innocence affectée, qui la rapprochera de son but. Ce n'est pas tout à fait par hasard que cette scène a lieu après la messe du dimanche. On ne peut s'empêcher de penser que les manœuvres de Florentine Lacasse sont en quelque sorte bénies d'avance par une religion qui veut, avant tout, préserver la cohésion sociale, sauver les apparences. Dans la scène précédente, l'église était le lieu du malentendu, de l'équivoque ; mais, dans l'interstice des intérêts conflictuels, pouvait se glisser quelque chose comme la profondeur de l'être. Elle offrait une pénombre, un lieu autre, où les choses humaines pouvaient se négocier sous la protection, réelle ou imaginaire, d'une tradition religieuse. Ainsi en allait-il, vraisemblablement, de la religion traditionnelle du Canada français, peu éclairée, favorisant toutes les confusions du spirituel et du temporel. Dirons-nous que la deuxième scène, celle du mensonge, implique une sortie décisive ? Nous n'en sommes pas encore là, dans *Bonheur d'occasion*. L'église sert encore, elle est encore de service ; on a besoin d'elle pour s'arranger avec le monde, pour couvrir les opérations de sauvetage des apparences.

Il y a, dans *Bonheur d'occasion*, une autre scène d'église qui porte, elle, la marque d'une dévotion véritable ; et il est significatif sans doute qu'elle ait lieu en dehors des offices, des cérémonies qui ont un caractère d'obligation. Le personnage qui entre est Rose-Anna, la mère ; elle entre par fatigue, pour interrompre la longue marche à laquelle l'oblige la recherche d'un logement pour sa famille. Et, là, dans le silence, elle confie ses soucis au « grand vieillard à barbe blanche de son enfance ; celui qui, au-dessus du groupe de la Sainte Famille, représente Dieu le Père ». Mais Rose-Anna, dans *Bonheur d'occasion*, c'est le monde ancien, le monde qui s'en va ; et la relation entre sa prière et l'édifice église semble bien être d'occasion, comme le bonheur du titre.

Ce lien sera rompu dans l'autre roman urbain de Gabrielle Roy, paru quelques années plus tard, *Alexandre Chenevert* (1954). Alexandre Chenevert est l'urbain par excellence, le *petit homme* livré sans recours aux sollicitations d'une urbanité qui se définit avant tout par l'abondance désordonnée de l'information, et qui en est écrasé. Il appartient encore à une paroisse, à une église, mais celle-ci est réduite à une indication de lieu, comme le montre un dialogue entre Alexandre et l'aumônier de l'hôpital, dans les dernières pages du roman :

> — De quelle paroisse êtes-vous, Monsieur Chenevert ?
> Alexandre quitta l'inconnu où il voyageait et, par politesse, s'occupa de ce détail :
> — De Saint-Honoré-du-Sacré-Cœur.
> — Ah ! oui, je vois… je vois… dit affablement l'aumônier, c'est la grande église en pierre, très moderne, qui se trouve au coin de la rue…

L'église, selon Alexandre Chenevert, n'est qu'un « détail », elle n'a rien à voir avec les vastes considérations dont il est envahi, le prestigieux « inconnu », l'éternité. Elle existe cependant, elle ne peut pas ne pas exister, comme un des éléments du message urbain.

Alexandre Chenevert est toutefois un homme pieux, peut-être plus que Rose-Anna Lacasse, et la prière occupe une place dans le bric-à-brac de ses réflexions. Où prie-t-il, quel est le lieu de sa prière ? Chez lui, dans son appartement, et plus particulièrement — on admirera la sûreté de touche de la romancière — dans la salle de bains, lieu de la dernière intimité. C'est en examinant son pauvre corps qu'il pense à l'« immortalité de l'âme », puis se met à prier :

> Alexandre se mit à prier. Il priait volontiers quand il reconnaissait sa chétive condition. Cela était aussi instinctif chez lui que l'espèce de cri désolé qu'il lançait parfois dans le vide vers sa mère morte depuis des années. « Maman ! » implorait cet homme déjà âgé, au hasard de ses rêveries, seul, la nuit.

Dans *Alexandre Chenevert* s'opère donc, de la façon la plus nette, une dissociation entre l'édifice église et la vie spirituelle, la prière, dont nous observerons les suites dans quelques romans québécois plus récents. Il y aura, d'un côté, l'église de pierre ou de brique, qui fait partie du paysage urbain, indissociable de ce paysage, et qui est depuis quelque temps l'objet des plus tendres attentions de ceux qui se vouent à la conservation du patrimoine. Dans cette perspective, l'église est folklorisée, elle est un morceau de l'ancien, de l'héritage, à maintenir tel quel, comme un vieux meuble ou une maison historique, dans le nouvel environnement. On se trouve devant un phénomène analogue à celui que dénonçait il y a plusieurs années le philosophe Brice Parain dans un opuscule intitulé *France, marchande d'églises.* Il ne s'agit pas, au Québec, d'entretenir les églises, symboles spirituels, au profit de l'industrie touristique, comme en France, mais plus simplement de conserver des profils de clochers, des espaces verts. Peut-être, dans ce désir de conservation, se loge-t-il quelque nostalgie de ce que l'église voulait dire en d'autres temps, mais n'insistons pas trop là-dessus, nous risquerions de nous enfoncer dans des équivoques redoutables.

D'un côté, donc, la folklorisation. De l'autre, une expérience religieuse qui privilégie l'intime, le lieu intime, et peut, à la limite, se passer de l'église, du signe église, comme on l'a vu dans *Alexandre Chenevert*. Cela se lit de façon particulièrement claire dans un des romans les plus étonnants parus ces dernières années au Québec, *Neige de mai* (1988), de Claire de Lamirande, qui met en scène, avec une audace et une pudeur extrêmes, l'expérience religieuse la plus radicale, celle du *buisson ardent*, de la rencontre inopinée, scandaleuse, avec la transcendance. Une telle expérience ne peut être que solitaire : pas de paroisse, pas de curé, pas de communauté. Mais c'est aussi bien par là qu'elle est urbaine, qu'elle rejoint une expérience urbaine où les solidarités de proximité sont dévalorisées au profit d'une communauté plus vaste et plus abstraite, celle de la conscience universelle. Si l'église reparaît dans ce genre de roman, ce ne sera pas l'église proche, l'église de paroisse, mais un temple plus lointain, que son éloignement même rend apte à assumer un symbolisme fort : ainsi, par exemple, la basilique d'Assise dans le roman de Fernand Ouellette, *Lucie ou un midi en novembre* (1985). La nécessité d'une telle distanciation apparaît également dans l'œuvre de l'essayiste Pierre Vadeboncoeur. Dans le chapitre intitulé « Prières » de ses *Essais inactuels* (1987), il parle de Notre-Dame de Paris, de la chapelle du Rosaire à Vence, de la cathédrale d'Albi, de la cathédrale de Laon, de la basilique Sainte-Madeleine de Vézelay, de l'abbatiale Saint-Philibert de Tournus, comme de lieux chargés de sens où l'expérience religieuse peut trouver aliment, un aliment que, de toute évidence, Notre-Dame de Montréal lui refuse.

Et de même, sans doute, l'église beaucoup moins prestigieuse de Saint-Stanislas-de-Kostka, boulevard Saint-Joseph.

Cette église appartient au romancier Michel Tremblay,

qui en fait la matière d'une éclatante folklorisation dans le deuxième tome de ses *Chroniques du Plateau Mont-Royal, Thérèse et Pierrette à l'école des Saints-Anges* (1980). Le roman traite d'une époque à la fois récente et décidément révolue, mais il va sans dire que lorsque la fiction se déplace ainsi dans le temps, c'est toujours en fonction de sa propre actualité. La question essentielle que pose au passé le roman de Michel Tremblay pourrait se formuler à peu près ainsi : est-ce bien fini, tout ça ? est-ce que l'expérience humaine authentique n'est pas à construire aujourd'hui sur les ruines de ce que fut le catholicisme canadien-français ? Il semble qu'à cette question le roman réponde de manière affirmative et qu'il nous fasse assister à une liquidation, aussi complète que possible, de l'héritage. Michel Tremblay aime les symboles bien gros, bien évidents ; celui qu'il utilise ici, le violent orage qui détruit le reposoir à la fin de la procession de la Fête-Dieu, ne laisse pas planer beaucoup de doutes sur les intentions de l'auteur. Le romancier aura d'ailleurs, tout au long de la description, insisté à plusieurs reprises sur la laideur des costumes et des décorations, parlé du caractère « presque païen » du dais, des « pauvres gens naïfs » qui regardent la procession, et surtout fait prendre conscience à l'un de ses personnages, mère Benoîte des Anges, « de l'importance exagérée et surtout de la futilité de ces grotesques simagrées dont on se servait pour engourdir les âmes naïves ».

Mais ces jugements ne sont pas le tout du texte, et n'en sont même pas l'essentiel. Le reposoir de la Fête-Dieu, érigé sur les marches de l'école des Saints-Anges, face à l'église Saint-Stanislas-de-Kostka qui se trouve de l'autre côté du boulevard Saint-Joseph, est l'objet d'une longue description, infiniment complaisante, qui trahit peut-être une nostalgie plutôt qu'une condamnation :

> Tout cela brillait doucement et frémissait sous le regard ému de sœur Sainte-Thérèse de l'Enfant-Jésus qui avait traversé le

> boulevard Saint-Joseph pour avoir une vue d'ensemble [...] pendant que sœur Sainte-Catherine disposait les fleurs sur l'autel. « Mon Dieu que c'est beau ! C'est parfait comme ça, on pourrait pas faire mieux ! Et dire que c'est la dernière fois ! »

Sous le regard du personnage sympathique, positif qu'est sœur Sainte-Thérèse de l'Enfant-Jésus, la Fête-Dieu devient, quoi qu'en dise l'auteur dans les pages subséquentes, une réussite esthétique, un spectacle parfait dans son ordre. Si la religieuse parle d'une « dernière fois », c'est qu'elle quittera bientôt son école ; mais pour nous aussi, lecteurs, il s'agit bien d'une « dernière fois », mais le caractère terminal du spectacle lui donne paradoxalement une aura de permanence qui empêche sa dissolution dans l'oubli. Observons que le spectaculaire, dans l'œuvre de Michel Tremblay, ne s'oppose pas à l'authentique, mais arrache l'existence au non-sens du quotidien pour lui donner une vérité supérieure, proprement salvatrice. Ainsi, la grand-mère Victoire dans ses brillantes expéditions rue Mont-Royal ; ainsi, l'ancienne prostituée d'Ottawa qui, malade, proche de la mort, revit ses gloires passées ; ainsi la Duchesse de Langeais et ses compagnons ou compagnes, on ne sait plus, du club de la rue Saint-Laurent. En faisant du religieux un pur spectacle, Michel Tremblay lui confère un statut égal à celui d'une pièce de théâtre jouée par les sœurs Giroux au Théâtre Arcade, d'un spectacle de La Poune ou même des numéros de travestis du Coconut Inn. Tous trois, le Théâtre Arcade, le Coconut Inn et le reposoir de la Fête-Dieu, sont condamnés à disparaître. Mais le récit leur accorde cette existence ambiguë de fantômes culturels qui les rend plus beaux, plus vrais que nature, du même coup les fige dans le passé et leur donne place dans l'imaginaire, comme les édifices victoriens que le mouvement « Sauvons Montréal » veut soustraire à la démolition. L'orage qui détruit le reposoir, à la fin du roman de Michel Tremblay, ne détruit pas la Fête-Dieu mais, petite apocalypse locale, l'installe dans l'éternité des apparences.

L'esthétisation du religieux, chez Tremblay, ne se fait pas sans problème, comme on l'a vu ; en témoignent les jugements négatifs, les sautes de mauvaise humeur qui parsèment le texte du roman. Un malaise subsiste, un désaccord, qui empêche l'opération de réussir complètement. Avec son passé immédiat comme avec ses plus lointaines origines religieuses, avec l'histoire de Ville-Marie, la conscience montréalaise — la francophone, du moins — ne se sent pas en paix, apte à les transformer en symboles utilisables. Et la discordance sera d'autant plus frappante, d'autant plus profonde, que le roman tentera d'accéder au niveau du spirituel, comme dans *Lucie ou un midi en novembre* de Fernand Ouelette. Le propos de ce roman est sans équivoque : il veut raconter l'histoire d'une crise authentiquement spirituelle vécue par le narrateur, qui donne à l'université des cours sur les mystiques rhénans, et une femme-peintre accablée, puis tuée par l'obsession du mal dans le monde. Le recours au langage théologique moderne : le « Grand Autre », le « Grand Corps invisible », est fréquent dans le texte. Soulignons la nouveauté, la singularité du propos, dans une production romanesque qui, de façon générale, ne s'encombre guère de considérations semblables.

L'action de ce roman aurait pu se passer n'importe où, mais Fernand Ouellette a voulu la situer, très précisément, à Montréal. Les noms de rues, de places, abondent : square Saint-Louis, rues Saint-Laurent, Henri-Julien, Duluth, Parc-Lafontaine, Saint-Denis, Sherbrooke, et cetera. Les âmes en peine que sont Lucie et le narrateur sont véritablement de Montréal, vivent intensément Montréal ; leur solitude, leurs débats sont de quelque façon liés à l'expérience de cette ville. Mais, malgré l'intensité spirituelle de leur quête ou plus justement à cause d'elle, on ne s'attend pas à les voir entrer dans une église. Réflexion incongrue ? Mais c'est qu'ils y entreront, ailleurs, dans des églises. Un des personnages raconte qu'il a « fait un détour par l'abbaye de Solesmes pour assister à la messe. Chose [qu'il] n'avait pas faite depuis des années ». Depuis des années, c'est-à-dire dans son pays natal, dans sa ville, Montréal. Faisant ensemble un voyage en France, Lucie et le narrateur s'empressent, dès leur arrivée à Roissy, de filer vers Tournus et les « pierres roses de Saint-Philibert ». Ici, comme chez Pierre Vadeboncoeur, l'esthétique et le religieux sont inextricablement liés dans la profondeur d'un autre temps, d'un autre lieu.

Cette complicité de l'esthétique et du religieux est attestée par la couverture du roman, où se rencontrent et se superposent deux cartes postales : l'une de l'église San Damiano, à Assise, l'autre d'un tableau de Piero di Cosimo, *Simonetta Vespucci*. Cartes postales, c'est-à-dire messages de l'étranger, signes d'ailleurs : la « vraie vie », décidément, est « ailleurs ». Dans son journal intime, au début du roman, Lucie nous apprend qu'elle a « fui Montréal ». Pourquoi ? Parce que, dit-elle, elle a perdu sa mère et sa sœur Lise dans un accident de voiture, et qu'elle ne pouvait plus supporter son père. Mais aussi, ce qu'elle fuit en fuyant Montréal, c'est le « vide de l'appartement » ; c'est-à-dire — il semble que le saut interprétatif soit ici légitime — le vide même de Montréal, l'absence à Montréal de ce qui la comble ailleurs. En situant ainsi le sacré, le religieux aussi loin que possible de la ville originaire, de Montréal, le roman attribue à cette ville une carence fondamentale. Il n'y aurait pas eu d'histoire religieuse de Montréal. Le mythe de Ville-Marie, élaboré au XIXe siècle, qui faisait jouer l'un dans l'autre la ville, le religieux et le texte, serait nul et non avenu. Pierre Vadeboncoeur, dans ses *Essais inactuels*, disait à propos de la France des églises : « Il y a eu Dieu », et refusait cette histoire aux États-Unis d'Amérique. Mais ne pourrait-il pas le dire aussi bien du Québec ? Tout se passe comme si, à Montréal, autrefois Ville-Marie, autrefois ville aux cent clochers, il n'y avait pas eu Dieu, comme le dit

Pierre Vadeboncoeur, c'est-à-dire que l'imprégnation culturelle du religieux — signalée entre autres choses par l'édifice église — n'avait laissé aucune trace dans la conscience contemporaine.

D'où le scandale provoqué par le personnage de Claire de Lamirande, Rosemonde, dans *Neige de mai*, lorsque, chargée de la classe de catéchèse dans une très confessionnelle école de Montréal, elle entreprend de parler de — qui donc ? — Dieu. « Dieu est un gros mot », dit la narratrice, et l'on oserait presque traduire : un mot offensant, un mot obscène. C'est que, contrairement à ce qui se passait à l'école des Saints-Anges, il se présente nu, en l'absence de toute référence concrète, communautaire, de toute référence ecclésiale. L'absence de l'édifice église, dans le roman de Claire de Lamirande, renvoie Dieu au secret, et c'est de là que le mot est proféré, comme un « gros mot », comme un mot sans commune mesure avec le langage commun. Non seulement il est incongru, mais il est également dangereux, il menace un ordre langagier qui se suffit à lui-même. Ce nom est d'ailleurs lié, comme chez Fernand Ouellette mais de façon plus immédiate, charnelle, à la souffrance imméritée, à l'horreur. Le fils de Rosemonde, blessé dans un accident de voiture, est cloué sur un lit de douleurs, sans aucun espoir d'atténuation, et subit des douleurs si effroyables qu'il supplie souvent sa mère de l'aider à se suicider. C'est durant une de ces crises, alors qu'elle est sur le point de s'abandonner au désespoir, que Rosemonde entend la voix : « C'est moi. Je suis là, au cœur de ton épouvante. Je n'ai jamais été aussi présent. »

Neige de mai n'est pas un roman édifiant. Rosemonde, même après avoir entendu la voix, a des aventures charnelles, sans aucune sorte de culpabilité. Elle est, à presque tous les égards, une femme très ordinaire, harassée par le souci, ne sachant plus guère où elle en est. Quand elle prononce le nom de Dieu, ce n'est pas comme une sorte de mantra importé, ou une invocation magique. Elle n'est pas une exaltée.

Elle s'intéresse tout particulièrement aux hérésies et on constate, à quelques notations discrètes, qu'elle n'ignore pas les tendances de la théologie contemporaine. C'est par là, par sa liberté d'esprit et d'action, par la santé de son intelligence, par la radicalité de son aventure, qu'elle est un personnage saisissant, un des plus riches qui soient apparus ces dernières années dans le paysage romanesque du Québec.

Mais le roman qui lui donne vie, *Neige de mai,* est-il un roman vraiment montréalais ? Dit-il quelque chose sur la vie montréalaise, sur les relations qu'elle entretient (ou n'entretient pas) avec le religieux ou le sacré ? L'édifice église ne saurait d'aucune façon y être présent, parce qu'il suggérerait une localisation particulière de l'expérience spirituelle, et qu'une telle localisation est aux antipodes de l'esprit même du roman. Les lieux principaux de l'action sont : l'appartement que Rosemonde, veuve, habite avec son fils ; les rues de la ville, semblables aux rues de toutes les villes ; l'école où Rosemonde enseigne ; le mont Orford, où elle va passer un week-end. La ville existe dans *Neige de mai,* mais moins comme un assemblage de cubes architecturaux que comme un lieu de langage, de dialogue, d'échange. Elle fait partie des enjeux, et il n'est pas indifférent sans doute que le fils de Rosemonde ait été blessé dans une rue de Montréal, on oserait presque dire blessé par la ville, par l'inconscience de la ville. Mais encore, en quoi sommes-nous justifiés de parler plus particulièrement de Montréal ? Les signes urbains, dans ce roman, sont si généraux, si totalement privés de pittoresque, qu'il faut, pour répondre à la question, s'avancer sur un terrain peu sûr. Montréal, dans *Neige de mai,* n'est-il pas ce qui résiste au Nom dont Rosemonde est, plus ou moins volontairement, le porte-parole ? Dieu, dans cette ville, est un « gros mot », scandaleux, irrecevable. C'est comme s'il n'avait jamais été prononcé, comme s'il n'avait pas le droit d'être prononcé. D'une part, il connote des spectacles — pensons au roman de Michel Tremblay —, des images, des discours que l'histoire semble avoir définitivement révoqués comme vérités. D'autre part, il semble menacer ce qui reste du mythe urbain, c'est-à-dire la ville en tant que communauté plus ou moins stable, le sacré comme force de l'origine, le texte lui-même enfin, bouleversé par la singularité absolue du Nom.

Le miroir que tend à Montréal le roman de Claire de Lamirande est ainsi, du point de vue religieux, à la fois inquiétant et chargé peut-être également d'une étrange promesse. Il montre un vide, une absence, la ville aux cent clochers devenue la ville sans clochers, hostile et plus qu'hostile, indifférente à toute manifestation du religieux. Au terme de l'évolution dessinée par nos romans, on osera même se demander si ce ne sont pas uniquement des masques qui sont tombés, si l'expérience religieuse n'est pas depuis très longtemps, dans cette ville, extrêmement mince. Mais c'est aussi dans cette ville, dans ce dénuement spirituel, que se fait entendre le « mot » dont *Neige de mai* se fait l'écho.

Quand la littérature arrivait à Montréal

C'est durant la deuxième moitié du XIXe siècle que la littérature arrive à Montréal, c'est-à-dire entre le Mouvement littéraire de Québec et l'École littéraire de Montréal ; et l'affaire sera vraiment dans le sac quand le grand poète, le grand homme, Louis Fréchette lui-même, s'installera en 1880 dans la métropole, deux ans après avoir épousé une héritière. Quand je dis que la littérature arrive à Montréal, je l'entends au sens premier de l'expression, à savoir que le centre de la production littéraire se déplace de Québec à Montréal, mais aussi au sens d'un accident qui modifie l'ordre des choses. Recevoir la littérature, pour Montréal, c'est accéder au rang de métropole, de grande ville, c'est accéder à l'imaginaire sans quoi une ville n'est pas une ville. Mais l'inverse est également vrai : Montréal arrive à la littérature, comme un bonheur ou un malheur, c'est-à-dire qu'il la transforme, lui donne des horizons nouveaux.

Il n'est pas nécessaire d'attendre ce déplacement, toutefois, pour observer que la littérature se comporte de façon différente selon qu'elle se produit à Québec ou à Montréal. Deux textes parus en 1846 dans la même publication, l'*Album littéraire et musical de la Revue canadienne*, me serviront à marquer cette différence. Je cueille le premier dans le roman de Pierre-Joseph-Olivier Chauveau, *Charles Guérin* ; le deuxième dans *La Terre paternelle* de Patrice Lacombe. Ces deux textes racontent l'arrivée en ville d'une famille qui a perdu son bien campagnard ; il s'agit donc, selon l'idéologie de l'époque, d'une véritable déchéance. Mais ce qui me retient particulièrement, c'est la façon dont la ville se donne à voir dans un texte et dans l'autre. Aux yeux de Louise et de Charles Guérin, qui arrivent à Québec en bateau, la ville se présente comme une totalité, un ensemble organique ; et, paradoxalement, cette totalité l'emporte en qualité sur les éléments qui la composent :

> Québec, qui de fait est peut-être une des villes les plus mal bâties de l'Amérique, qui n'a pas un seul édifice complet et régulier, qui n'a pas un seul monument où les règles de l'architecture n'aient pas été plus ou moins maltraitées, Québec produit cependant, même en plein jour, une illusion étrange sur le spectateur qui l'aperçoit du fleuve. La disposition, et mieux, si nous pouvons ainsi nous exprimer, les artifices du terreau font que l'objet le plus insignifiant prend une attitude pleine d'importance, si bien que l'on croit avoir devant soi une ville monumentale telle que Rome, Naples ou Constantinople.
> Mais la nuit au clair de la lune, c'est bien plus encore. C'est une éblouissante imposture, un mirage phénoménal. La moindre flèche vous fait rêver de la cathédrale d'Anvers, le moindre dôme vous tranche du Saint-Pierre-de-Rome.

Sur ce texte étonnant, qui sera d'ailleurs reproduit dans le *Répertoire national* de Huston, il y aurait beaucoup à gloser ; je ne retiens pour l'instant que l'idée de totalité, accusée *a contrario* par le caractère en quelque sorte frauduleux, inauthentique de ses éléments. Québec apparaît ici comme une ville complète, solidement contenue dans ses propres limites, sa propre définition, comme toutes les grandes villes du monde civilisé.

Montréal, dans le roman de Patrice Lacombe, n'aura pas les mêmes honneurs. Il est la ville abstraite, la pure antithèse de la campagne. On y arrive sans cérémonie, comme des fuyards :

> Chauvin, après s'être vu complètement ruiné, et ne sachant plus que faire, avait enfin pris le parti de venir se réfugier à la ville. Il avait en cela imité l'exemple d'autres cultivateurs qui, chassés de leurs terres par les mauvaises récoltes et attirés à la ville par l'espoir de gagner leur vie, en s'employant aux nombreux travaux qui s'y font depuis quelques années, sont venus s'y abattre en grand nombre, et ont presque doublé la population de nos faubourgs.

Jamais, dans *La Terre paternelle,* la ville n'est présente dans sa totalité. Elle n'existe qu'en pièces détachées, par ses faubourgs — le faubourg Saint-Laurent, où habitent les Chauvin ; le faubourg Saint-Antoine, où se trouve le cimetière —, par ses rues que parcourent les anciens campagnards pour vendre l'eau dont ils sont les porteurs, par le voisinage, ici représenté par le vieux Danis. Je parlais tout à l'heure de ville abstraite, au sens où Montréal ne paraît être doté chez Lacombe d'aucun caractère particulier ; d'un autre point de vue, on parlera d'une prédominance de l'expérience concrète, à ras de terre, où la marche, la rencontre, le détail désignent plus sûrement la réalité urbaine que le tableau d'ensemble, le spectacle général.

Il serait trop facile d'attribuer cette différence au niveau social des personnages (les Guérin sont de condition beaucoup plus aisée que les Chauvin) ou au talent littéraire des romanciers (Chauveau est doué pour le développement, l'exaltation, les vastes considérations, comme le sec Patrice Lacombe ne l'est pas). Car ce n'est pas seulement dans *La*

Terre paternelle, d'ailleurs, que Montréal semble résister à la représentation globale. Retrouvons un roman d'un genre tout différent, *Une de perdue, deux de trouvées* de Georges Boucher de Boucherville. Nous sommes encore, comme dans *La Terre paternelle*, dans le faubourg Saint-Laurent, mais les protagonistes sont des citadins de plein droit et non de récents immigrés de la campagne. Or ce qui frappe aussitôt, à la lecture d'*Une de perdue, deux de trouvées*, c'est l'abondance des noms de rues et des notations de parcours et, corrélativement, l'absence de perspective unifiante. On rencontre régulièrement dans le roman de Boucher de Boucherville des passages du genre de celui-ci : « Dans la rue du Collège, un peu plus loin que le petit séminaire de Saint-Sulpice, à Montréal, il y avait au fond d'une cour, une longue bâtisse, à deux étages en pierre. Cette bâtisse était occupée comme brasserie, par un nommé Daubreville. À l'époque dont nous parlons… » Les éléments significatifs de ce passage sont, outre la manière générale de dire qui renvoie indifféremment à Eugène Sue ou à Balzac, les noms de lieux qui relèvent d'une topographie urbaine très précise, très détaillée, comme si la ville n'était essentiellement qu'un assemblage de rues ou de faubourgs ; aussi la marche, c'est-à-dire la ville vue d'en bas, du point de vue de l'usager, comme un labyrinthe ; enfin l'élément de danger, l'odeur de crime, de violence, qui est indissociable de la réalité urbaine. C'est dire que le roman n'adopte pas un point de vue panoramique qui lui permettrait d'ordonner majestueusement le tableau urbain ; il se livre au contraire à une prolifération de lieux, de noms propres, produit un effet de confusion, d'égarement — plus encore pour nous, évidemment, que pour les contemporains, à cause notamment de ces faubourgs, le faubourg Saint-Laurent, le faubourg Saint-Joseph, le faubourg Québec, le faubourg Saint-Antoine, que nous avons quelque difficulté à situer. Dans ces dédales de faubourgs, de rues, Saint-Constant, Lagauchetière, Notre-Dame, du Collège, McGill,

Côte-des-Neiges, de la Montagne, les enjeux et les lois générales de l'histoire ne se dévoilent pas avec clarté. À Québec, dans l'entourage de lord Gosford, on voit clair ; mais ici, à Montréal, tout est hasardeux, confus, désordonné, indirect. C'est pourquoi d'ailleurs l'évocation des événements de 1837 par Boucher de Boucherville, faite de rumeurs, d'escarmouches difficilement perceptibles, de hasards, de jeux d'ombres, est si prenante et suggestive. Montréal, le Montréal d'*Une de perdue, deux de trouvées*, est déjà une ville moderne, c'est-à-dire moins un monument qu'un réseau de communication où parviennent et se transforment les informations venues de l'*hinterland*.

Je parlais plus haut de Balzac, du monde balzacien. Il implique lui aussi l'insistance sur la topographie urbaine, comme on le voit par exemple au début du *Père Goriot*, où la pension Vauquer est située précisément « rue Neuve-Sainte-Geneviève, entre le quartier latin et le faubourg Saint-Marceau ». Mais cette insistance est compensée pour ainsi dire par la vision générale qu'assume Rastignac, à la fin du roman, quand il lance son célèbre « À nous deux maintenant ! » Or, il semble que la vision à ras de terre et la vision panoramique, qui se conjuguent comme naturellement dans l'univers balzacien, se distribuent à Montréal dans des textes différents, voire antithétiques. Il existe une vision panoramique de Montréal, une vision depuis la montagne, le mont Royal, qui est un des *topoï* majeurs de la littérature montréalaise et qu'on retrouve encore dans le premier roman de Gérard Bessette, *La Bagarre*. On ne s'égare plus dans le dédale des rues, le regard n'est pas arrêté par des murs, des maisons, des édifices. On survole, on généralise. La vue depuis le mont Royal produit un effet d'abstraction, d'idéalisation où la ville disparaît presque au profit de quelque impression vague. Ainsi, lorsqu'en 1833 Pierre Laviolette écrit son poème intitulé « Points de vue de la descente de la montagne de Montréal », il parle bien de « l'opulente cité, / Brillante de splendeur et de prospérité », mais l'oublie vite en rejoignant, par le regard, le petit ermitage où il vécut ses ferveurs de jeunesse[1]. L'abbé Ferland, en 1882, consentira à parler plus longuement de prospérité et de progrès, mais en noyant ces deux termes dans une vaste perspective historique :

> Près de trois siècles et demi se sont écoulés depuis le jour où Cartier, du sommet du Mont-Royal, examinait les environs de Hochelaga ; s'il lui était aujourd'hui donné de revoir ces mêmes lieux, avec quelle surprise il contemplerait la grande et belle cité qui a remplacé la bourgade indienne ! Elle étonnerait le vieux navigateur par ses nombreux et splendides monuments, par son port couvert de vaisseaux et bordé d'une longue ceinture de quais, par son pont tubulaire unissant les deux rives du fleuve, par sa population nombreuse, s'agitant sous l'impulsion du commerce et de l'industrie[2].

Surtout, par sa montagne, Montréal se souvient d'avoir été Ville-Marie, et se voit sommée d'être fidèle à sa vocation première, celle de recréer le christianisme en terre d'Amérique. On connaît les développements de l'abbé Faillon sur ce thème, mais c'est un historien moins célèbre, lui aussi d'origine française, Leblond de Brumath, auteur d'une *Histoire populaire de Montréal depuis ses origines jusqu'à nos jours* (1890), qui le développera avec le plus de force. Dans l'*Histoire populaire*, le mont Royal devient explicitement la montagne sacrée qu'il est de manière implicite chez les autres historiens, comparé au « Sinaï, au Carmel et aux collines de

---

1. Pierre Laviolette, « Points de vue de la descente de la montagne de Montréal », dans James Huston, *Répertoire national* (1848), Montréal, VLB, 1982, éd. Robert Melançon, t. 1, p. 226.

2. Jean-Baptiste Ferland, *Cours d'histoire du Canada* (1861-1865), deuxième partie (1534-1663), deuxième édition, Québec, Hardy, 1882, p. 32.

Rome[3] ». À cause de la montagne, à cause de ce qu'elle signifie, la ville de Montréal, dont l'historien décrit les beautés et la prospérité avec un enthousiasme inégalé à l'époque, ne sera digne d'elle-même que dans la mesure où elle résistera aux tentations de la modernité et conservera — ou retrouvera, Mgr Ignace Bourget y veille — son projet premier. Il s'agit, dit Leblond de Brumath, de « retrouver Ville-Marie dans Montréal[4] ».

Cette manœuvre d'idéalisation a pour effet de faire disparaître tout ce qui n'est pas conforme à son propos, voire toute forme particulière d'existence : au premier chef, celle des Montréalais eux-mêmes, qui deviennent de pures idées. En parlant de Montréal comme d'une ville « lettrée, prospère et vaillante », en disant du Montréalais que, « soldat et négociant, [il] est par-dessus tout disciple de Jésus-Christ[5] », Leblond de Brumath ne nous permet guère d'apercevoir ce qui se passe dans les rues, dans les maisons, les cœurs. À lire la littérature « respectable » de la deuxième partie du XIXe siècle, on a parfois l'impression que Montréal existe de plus en plus, mais sans habitants. Si l'on veut avoir de leurs nouvelles, il faut se plonger dans le roman populaire, le feuilleton. Sans doute imite-t-il, pour ce qui est des types romanesques et de l'enchaînement des actions, le grand roman populaire français, de Ponson du Terrail à Eugène Sue, qu'on reproduit en feuilletons dans les journaux montréalais, surtout *La Patrie* et *La Presse* ; sans doute est-il souvent écrit à la diable, et sans grandes prétentions littéraires, comme il se doit ; mais il

3. Adrien Leblond de Brumath, *Histoire populaire de Montréal depuis son origine jusqu'à nos jours*, Montréal, Librairie Saint-Joseph, 1890, p. VIII.

4. Adrien Leblond de Brumath, *Vie de Mademoiselle Mance et le commencement de la colonie à Montréal*, Montréal, Librairie Saint-Joseph, Cadieux et Derome, 1883, p. 6.

5. Adrien Leblond de Brumath, *Histoire populaire*, p. 433, 434.

constitue une amorce de littérature urbaine qu'on ne saurait négliger, il est l'expression de ce que l'idéologie régnante refoule dans les marges de la représentation. En voici deux : *Les Mystères de Montréal* d'Hector Berthelot, paru en feuilleton dans *Le Vrai Canard* de 1879 à 1881 ; et (encore !) *Les Mystères de Montréal* d'Auguste Fortier, publié pour la première fois en 1893. Ce sont, comme de bien entendu, des romans d'aventures hauts en couleur, des histoires d'enlèvements, de rivalités amoureuses, d'héritages, et ce n'est pas par là seulement qu'ils ressemblent au roman de Boucher de Boucherville. Je signalerai d'abord l'importance de l'hôtel — le célèbre hôtel Rasco est présent dans les trois romans —, qui est évidemment le lieu des rencontres, des échanges, de ce mouvement perpétuel qui est l'essence de la vie urbaine : c'est là que se rencontrent les grands commerçants ou financiers américains ou encore ces personnages mystérieux, souvent déguisés, qui arrivent du Sud, de la Louisiane, de Cuba ou même du Brésil, chargés d'incroyables fortunes. Comme l'hôtel, le déguisement suggère la mobilité, mais il lui ajoute l'idée d'une transformation continuelle qui récuse l'unité même de la personne. Dans la ville, au contraire de la campagne, l'être et le paraître ne coïncident pas toujours, parce que la ville est, plutôt qu'un lieu bien identifié, une plaque tournante où se rencontrent et se mêlent les influx du vaste monde. Ces trois thèmes essentiels du roman du XIXe siècle montréalais : l'hôtel, le déguisement, l'ouverture sur le monde, sont parfaitement conjugués au début de la deuxième partie des *Mystères* d'Auguste Fortier, celle qui se déroule à Montréal :

> Un petit homme maigre, nerveux, à la figure énergique mais sournoise fumait son cigare, assis sur le péristyle de l'hôtel Albion, à Montréal, par une avant-midi de mai mil huit cent quarante-deux.
>
> Si l'on eut [*sic*] examiné cet homme avec attention, on eut

> [*sic*] vu que sa chevelure chatain [*sic*] assez longue n'était pas exactement de la même couleur que sa moustache et ses sourcils, et qu'il portait fréquemment la main à sa tète [*sic*], comme pour enfoncer son chapeau ou autre chose.
> C'était une de ces figures qui ne se laissent pas donner d'âge. Le regard perçant de cet homme nous disait qu'il était accoutumé à embrasser les grands horizons, et ses poses énergiques qu'il s'exerçait à être imposant[6].

Ces « grands horizons », il faut le préciser, ne sont pas ceux qu'on aperçoit du haut de la montagne, du mont Royal. Le personnage déguisé, à l'identité instable, oppose son démenti aux héros de l'histoire et du roman bien pensants ; et l'hôtel, au rêve conservateur de l'enracinement. On observera, enfin, que dans les romans de Boucher de Boucherville, d'Auguste Fortier et d'Hector Berthelot, la religion est totalement absente, et la morale souvent bafouée. En somme, le roman populaire joue dans l'imaginaire un rôle analogue à celui de l'Institut canadien dans le combat des idées : il occupe le pôle de la résistance, du scandale, de l'ouverture maximale aux courants étrangers. C'est là l'héritage que recueillera, avec modération, l'École littéraire de Montréal, à la fin du siècle.

Des trois *Mystères de Montréal*, le plus scandaleux est assurément celui d'Hector Berthelot. C'est une œuvre curieuse, à la fois naïve et cynique, pleine de fautes de français et témoignant d'une culture étendue, d'une vitalité débordante. On y rencontre une humanité presque totalement absente du roman officiellement littéraire de l'époque, des petites gens, des caléchiers, des cordonniers, des conducteurs de petits chars ; et la prison ne renferme pas de nobles prisonniers politiques, comme chez Auguste Fortier, mais de

---

6. Auguste Fortier, *Les Mystères de Montréal*, Montréal, Cie d'imprimerie Desaulniers, 1893, p. 205.

petits criminels, des victimes de la misère noire. Cependant, c'est moins par ce qu'il représente que par le langage même, gouailleur, recevant les expressions de la vie populaire, mâtiné d'anglais — un *joual* de l'époque, si l'on veut — que le roman de Berthelot pose sa dissidence. Admirons en passant l'accoutrement de Cléophas Plouf : « Il portait un pea-jacket en velveteen un peu usé aux coudres [*sic*] et doublé en farmer's satin. » Et étonnons-nous qu'Ursule refuse ses avances : « J'ai pour vous beaucoup d'amitié, lui dit-elle, mais pour de l'amour, dévire[7]. » Ce langage, c'est celui des petites gens, de la ville interdite, cachée aux yeux de l'esthète de l'École littéraire de Montréal comme à ceux du bourgeois ; c'est aussi une revendication très littéraire, bien qu'elle ne soit consignée dans aucun manuel de littérature, contre le langage de l'abstraction, le point de vue de la montagne, qui dominera pendant si longtemps la vision de Montréal.

Il existe d'autres *Mystères de Montréal*, et même des *Mysteries of Montreal* parus en 1881 sous la signature de Charlotte Führer. Il existe un autre Montréal, un autre Montréal littéraire, celui de Madame Leprohon, de Jean Talon L'Espérance, des contes et des nouvelles publiés notamment dans *The Literary Garland*, un Montréal anglais tout à fait différent de celui dont je viens de parler. C'est le Montréal des grandes affaires, de la vie mondaine, des officiers anglais qui viennent faire leur service dans la colonie, le Montréal de la rue Sherbrooke. On y voit certes parfois des francophones : soit qu'ils fassent partie de la figuration, comme le « bellâtre que ses yeux, ses cheveux noirs et son accent quelque peu étranger désignaient comme Canadien français », dans le « Clive Weston's Wedding Anniversary » de Madame Leprohon ; soit qu'ils jouent un rôle plus important, comme dans les récits

7. Hector Berthelot, *Les Mystères de Montréal*, roman de mœurs, Montréal, Imprimerie A. P. Pigeon, 1901, p. 54.

interethniques de Jean Talon L'Espérance. Cette littérature montréalaise de langue anglaise est plus abondante, sinon plus riche, que la française. Elle a été explorée par Mary Jane Edwards dans sa thèse sur Montréal et la fiction de 1769 à 1885[8] ; il nous reste à la lire, nous, d'un point de vue qui sera forcément un peu différent[9].

---

8. Mary Jane Edwards, *Fiction and Montreal 1769 to 1885*, Ph. D. Thesis, University of Toronto, 1969. Dans cette thèse sont étudiés romans et récits divers de langue anglaise et de langue française.

9. Cette étude doit beaucoup aux travaux de Nicole Simard, assistante de recherche au projet « Montréal imaginaire » (Département d'études françaises de l'Université de Montréal ; subventions du CRSH).

Flâner rue Notre-Dame, en 1862

Un des textes les plus étonnants qui aient été écrits sur Montréal au XIXe siècle est une chronique d'Hector Fabre, écrite en 1862 ; elle a pour titre et pour sujet « La vieille rue Notre-Dame ». Vieille, elle l'est en effet, la rue Notre-Dame, car elle existe, avec quelques voisines un peu moins nobles, depuis le Régime français, et elle a conservé le nom marial qui l'associe à la Ville-Marie des origines, elle-même disparue (onomastiquement) depuis le début du XVIIIe siècle. Dans la plupart des romans et récits du siècle, toutefois, elle n'occupe pas la place que devraient peut-être lui valoir ses titres d'ancienneté et de noblesse. On ne la rencontre que deux ou trois fois dans le premier roman véritablement montréalais de notre littérature, *Une de perdue, deux de trouvées* de Boucher de Boucherville ; le romancier y loge un personnage secondaire, et envoie son héros, Monsieur de Saint-Just, y faire une promenade roborative. Écrivant un roman d'aventures, un roman d'actualité, Boucher de Boucherville devait plutôt s'attarder dans une rue de crimes et de conflits, la rue du faubourg Saint-Laurent. D'autre part, si la rue Notre-Dame est dite « vieille » par Hector Fabre, c'est aussi pour l'opposer à la neuve, la Notre-Dame moderne, celle où

Auguste Fortier, dans *Les Mystères de Montréal,* situera un club d'hommes d'affaires et de financiers, le London Club, ou encore, dans une nouvelle de Benjamin Sulte[1], celle où Édouard Godin, Rastignac au petit pied venu tenter sa chance à Montréal, regarde « avec surprise les riches devantures des magasins ». Cette rue-là, la moderne, pourrait à la rigueur ne pas s'appeler Notre-Dame ; elle n'a aucun rapport avec les raisons qui lui donnèrent son nom. Quand Édouard Godin la quitte pour se rendre rue Saint-Paul, le changement est à peine perceptible : une rue en vaut une autre. Dans les romans montréalais de la deuxième moitié du XIXe siècle, on trouve presque toujours une rue qui résume la ville, la signifie métonymiquement : pour *Une de perdue,* la rue du faubourg Saint-Laurent ; dans *Les Mystères de Montréal* d'Émile Chevalier, la rue Sanguinet, où se trament les opérations louches ; dans les *Mystères* d'Hector Berthelot, la rue Dorchester ; dans les *Mysteries of Montreal* de Charlotte Führer, comme dans la longue nouvelle de Madame Leprohon, « Clive Weston's Wedding Anniversary », la belle, l'élégante rue Sherbrooke. Nulle part, dans aucun récit de quelque importance, la rue Notre-Dame ne joue ce rôle central.

Peut-être ne pouvait-elle être pleinement elle-même, correspondre vraiment à son nom que dans le genre ambigu de la chronique, mi-reportage mi-récit, exercice d'observation en même temps qu'effusion personnelle. Qu'est-ce que cela veut dire, à l'époque où écrit Hector Fabre, c'est-à-dire à peu près le milieu du siècle, parler de la rue Notre-Dame ? C'est d'abord parler d'une nostalgie, d'une disparition : « La rue Notre-Dame, écrit Fabre, se dépouille de sa vieille physionomie, la rue Notre-Dame des anciens jours s'en va rapidement. Elle n'est plus étroite et resserrée sur tout son parcours ; le chemin de fer urbain augmente le nombre des passants, trouble les

---

1. Benjamin Sulte, « Une récompense honnête », dans *La Revue canadienne,* janvier 1894, p. 19-29.

conciliabules des flâneurs au coin des rues, et leur donne le scandale de la vitesse. » L'auteur suggère même, en parodiant le mot célèbre de Nodier, qu'elle serait presque aussi ancienne et menacée de disparition qu'une légende : « Saisissons, dit-il, quelques traits de la vieille rue avant qu'ils ne s'altèrent ! Consacrons-lui une chronique en attendant l'histoire ! Qui aurait plus le droit d'en parler que celui qui l'a beaucoup aimée ! » Il est vrai que, durant ces années — les années 1850 et 1860 —, la ville de Montréal se transforme de manière assez brutale ; à l'américaine, dirions-nous, si nous ne pensions aux énormes travaux dirigés par le baron Haussmann à Paris au milieu du siècle. Entre 1845 et 1870, la population montréalaise double presque, passant de cinquante mille à cent sept mille habitants, et durant plusieurs de ces années la majorité est anglophone. Les grands travaux de toutes sortes, animés par les entrepreneurs anglais et écossais, se multiplient. Ils succèdent, pour ainsi dire, aux hostilités interethniques, mais provoquent peut-être un dérangement plus profond. Quelques années après Fabre, un autre chroniqueur, Arthur Buies, fera état d'une perte, en évoquant les hôtels du Vieux-Montréal : « Ah ! le bon vieux temps ! s'exclamait-il. Et qui donc eût pu soupçonner alors qu'une ville canadienne pût devenir, en vingt-cinq ans, une des grandes métropoles du continent américain ?... » Dans le chantier qu'est Montréal à cette époque, la nostalgie semble offrir à l'esprit une planche de salut. On est même tenté de penser qu'en évoquant la « vieille rue Notre-Dame », Hector Fabre, comme son collègue Arthur Buies, pratique une pensée du retour qui n'est pas sans rapport avec les efforts déployés par l'historiographie du temps pour redorer le bilan de Ville-Marie et lui donner un rôle majeur dans notre destinée nationale, et avec ceux de Monseigneur Bourget pour faire de Ville-Marie le modèle moral et religieux du Montréal moderne[2].

2. À titre d'exemple : « Montréal doit être donc une cité catholique : telle

Mais la nostalgie fabrienne n'a que les apparences d'un passéisme, d'un conservatisme. Elle est, en réalité, le mode de perception le plus exact de la modernité urbaine. Le texte de la ville, au XIXe siècle, ne peut être que nostalgique, dans la mesure où la nostalgie signifie un partage, un déchirement entre deux postulations (pour parler baudelairien), entre le rêve de durée, de permanence que porte l'écriture et une vision historique de la ville qui la condamne au renouvellement sans fin, à l'innovation et à la destruction. La ville aimée, la ville parlée, dans une telle perspective, est nécessairement la ville du passé. La nostalgie ne fuit pas la ville moderne, au contraire elle la crée textuellement, elle lui donne forme dans l'imaginaire. Comme, aussi, cet autre sentiment négatif, la mélancolie, thème essentiel du seul poème véritablement urbain que nous ait laissé le XIXe siècle québécois, « Un soir dans la cité » d'Eustache Prudhomme :

> De loin en loin des flambeaux brillent,
> La foule marche à leur lueur ;
> Leurs fronts confusément oscillent
> Comme la rame du pêcheur,
> Et l'on entend une voix sourde,
> Un bruissement répété,
> Parcourir comme une onde lourde
> Les artères de la cité !
> Pourquoi suis-je mélancolique
> Devant ces spectacles divers ?
> Pourquoi mon âme, autrefois pacifique,
> Se sent-elle battre ainsi qu'un flot des mers ?

est sa vocation, que Dieu manifestera par les intentions de ses dignes fondateurs, et par la persuasion providentielle des peuples voisins » (Hyacinthe Rouxel, cité par Marcel Lajeunesse, *Les Sulpiciens et la vie culturelle à Montréal au XIXe siècle*, Montréal, Fides, 1982, p. 106).

La mélancolie toute baudelairienne d'Eustache Prudhomme et la nostalgie d'Hector Fabre sont moins des sentiments personnels que la reconnaissance du caractère contradictoire de la réalité urbaine. La ville du XIXe siècle est nostalgie, mélancolie ; ou, à l'opposé, utopie, projection dans un futur idyllique : Baudelaire ou Fourier. Elle cesse ainsi d'être « ville natale », comme le dit Walter Benjamin en commentant les *Tableaux parisiens* de Baudelaire, pour devenir « un théâtre et un pays étrangers ». Hector Fabre connaît la rue Notre-Dame, connaît véritablement la ville dans son mouvement, sa précarité, sa « caducité », dirait Benjamin, par le sentiment de perte qu'elle fait naître en lui. Habiter une ville, c'est la perdre, ne jamais cesser de la perdre. À cet égard, Montréal ne diffère pas de Paris. Ville naissante, sans prétention métropolitaine, ville en chantier plutôt que ville accomplie, elle peut dire cependant, avec le grand poète de l'urbanité moderne : « J'ai plus de souvenirs que si j'avais mille ans. » Le langage de la ville et celui de la nation, sur ce point, se contredisent absolument. Le second, par la bouche de l'abbé Casgrain, oppose à un monde « vieilli », au monde européen, « une patrie neuve, [...] un peuple jeune et plein de sève » ; on connaît le cliché. Le langage de la ville est, au contraire, et d'entrée de jeu, chargé d'expériences et d'années. Tel est le paradoxe de la ville américaine, de la ville du Nouveau Monde : nouvelle, et portant les signes matériels les plus évidents de la nouveauté, elle entre dans la carrière à une époque de changement permanent où la nouveauté même parle sans arrêt de ce qui se perd.

Au thème de la perte s'associe, dans la chronique d'Hector Fabre, le thème également baudelairien, également moderne du flâneur. « Il y a dix ans, écrit-il, que je fus admis à flâner dans la rue Notre-Dame et à étudier le Droit. [...] Dans la profession de flâneur, j'ai été maître dès le premier jour. À première vue, j'ai adopté la rue Notre-Dame, et la rue Notre-Dame m'a adopté. Tous les jours, beau temps, mauvais temps, pluie, neige, le 2 décembre comme le 24 février, le 24 mai comme le 24 juin, je n'ai pas failli à la tentation, au devoir, de me promener rue Notre-Dame, de quatre heures à cinq. » L'association des thèmes de la perte et de la flânerie n'est pas fortuite : « La rue, dit Walter Benjamin, conduit celui qui flâne vers un temps révolu. » Le flâneur n'est jamais tout à fait dans le moment présent ni dans le lieu concret où il se trouve. Il est, dit Benjamin, l'« homme des lointains », des décalages, de la non-coïncidence. Il est toujours en train de se perdre, dans les rues, dans la foule. Hector Fabre ajoutera même, fondant les deux thèmes en un seul, que le « flâneur moderne » est en état de perte par rapport à une image ancienne de lui-même : « [...] il est moins original, moins gai surtout. »

Il y a, dans la chronique d'Hector Fabre, deux sortes de flâneurs : le « flâneur du passé », qui serait le type idéal, et le « flâneur moderne », qui serait... le vrai flâneur. Cette distinction, on le voit, n'est pas d'une netteté parfaite ; elle introduit une confusion, elle produit un brouillage qui suggère peut-être la difficulté d'introduire la thématique du flâneur dans la réalité montréalaise du XIXe siècle. En fait, le flâneur du passé n'est pas un vrai flâneur ; il appartient plutôt au type du badaud, tel que le définit Victor Fournel, c'est-à-dire une personnalité « absorbée par le monde extérieur [...] qui le frappe jusqu'à l'enivrement et l'extase ». C'est pourquoi les « flâneurs du passé », chez Fabre, sont toujours à l'affût des nouvelles : « Ils savent où l'on danse ce soir, où l'on mourra demain : ils connaissent le chiffre des faillites, l'heure des enterrements, la date des mariages, l'âge et la parenté des trois quarts de la population, le plan et le coût des maisons qui se construisent, la série des propriétaires et locataires de chaque logis. » Ces « flâneurs du passé », d'une part, appartiennent à l'histoire en tant qu'elle est attestation de l'origine, ils ont la gaieté, la fraîcheur de ce qui commence ; et d'autre part, en tant que proto-journalistes pour ainsi dire, ils font eux-mêmes de l'histoire en ce qu'ils sont porteurs de récit — « ils s'en vont par la ville répandant le récit », dit Fabre —, porteurs de parole. Le flâneur du passé est ainsi l'homme de l'origine, de l'histoire, de la parole pleine, de l'unité (« La ville n'avait alors qu'une rue, la rue Notre-Dame »), et à ce titre, non seulement il se distingue du « flâneur moderne », mais il en est le contraire.

Ce type de flâneur est véritablement *passé*, car on ne le voit presque plus rue Notre-Dame. Il a quasiment rompu avec la ville, il s'est mis au vert. « Il y a encore quelques flâneurs du passé, écrit Fabre, mais ils flânent peu dans la rue Notre-Dame. Ils ne font qu'y passer. Comme ils se promènent surtout pour leur santé, ils vont chercher le grand air dans les grands chemins, aux environs de la Montagne. » Ce retour à la nature ne laisse-t-il pas entendre qu'au fond, le flâneur du passé ne l'a jamais véritablement quittée, qu'elle est, plutôt que la ville, sa *vraie nature*? Malgré la nostalgie fabrienne d'une ancienne gaieté, ou plutôt à cause d'elle, les « flâneurs du passé » ne sauraient légitimement prétendre au titre de flâneurs, ils n'ont pas conclu avec les rues, avec le labyrinthe urbain ce contrat passionné, sans résiliation possible, qui définit le « flâneur moderne ». Celui-ci vit de la rue et n'a cure, n'aura jamais cure de l'air pur et des charmes de la nature. À l'opposé de son prédécesseur, qui incarnait un rêve d'unité, le « flâneur moderne » est pluriel, divers. « Le flâneur moderne de la rue Notre-Dame, écrit Fabre, est un être multiple. Les variétés abondent. » Et Fabre d'énumérer, comme tel entomologiste célèbre *qui n'est pas son oncle*, par ordre de noblesse décroissante : le « flâneur cosmopolite », c'est-à-dire le flâneur essentiel, celui qui ne vit que de flâner ; le « flâneur proprement dit », le « flâneur-amateur », le « flâneur timide », le « flâneur *d'occasion* », les « flâneurs de contrebande », et enfin, tout au fond du panier, le « faux flâneur », celui qui n'est peut-être en réalité qu'un « passant » déguisé. Non seulement le « flâneur moderne » est-il divers, pluriel, mais encore il s'épanouit pour ainsi dire dans le pluriel, dans le quantitatif : « Plus il y a de passants, de passantes, plus il y a de spectacles, plus il est joyeux. » À la qualité de vie — qui, évidemment, appartient *toujours* au passé —, le « flâneur moderne » oppose la quantité de vie. On notera le caractère scandaleux d'une telle proposition, qui n'est pas sans rappeler, indirectement la « sainte prostitution » dont parle Baudelaire. Le discours normal et normatif sur la ville, bien qu'il reconnaisse inévitablement la diversité, la pluralité urbaines, ne peut que vouloir les réduire. Le propos du flâneur, par contre, est de l'accepter sans réserve.

Parmi les espèces de flâneurs énumérées par Hector Fabre, il en est une, la première, qui doit retenir notre attention, à l'exclusion de toutes les autres qui ne semblent être là que pour faire nombre. Qu'est-ce qu'un « flâneur cosmopolite » ? L'adjectif est moins bizarre, dans les circonstances, qu'ambitieux. Hector Fabre a passé les vingt-cinq dernières années de sa vie à Paris, à titre de Commissaire général du Canada, et il a sans doute lu Balzac : « Il faut n'avoir ni foyer, ni patrie, écrivait ce dernier dans *La Recherche de l'absolu*, pour rester à Paris. Paris est la ville du cosmopolite ou des hommes qui ont épousé le monde… » Le flâneur a fait de la ville même son monde, et la ville ainsi conçue n'accepte pas de se laisser borner par quelque frontière que ce soit, et surtout pas par les nationales. Flâner rue Notre-Dame, c'est porter la contradiction de l'universel, du divers, au sein même de ce qui, par son nom, évoque essentiellement l'original, l'originel. C'est aussi, dans ce nom qui évoque la mission, la vocation de la Nouvelle-France, porter la contradiction de la gratuité, de l'absence de mission. Le « flâneur moderne » n'ayant, dit Fabre, « d'autre but que la flânerie », il esthétise la ville en la soustrayant à toute fonction autre que de contemplation, de jouissance. C'est ainsi que la ville entre en littérature ; dans la littérature, précisons-le, telle qu'elle se conçoit au XIXe siècle, dégagée (en désir) des obligations que voudraient lui assigner l'histoire, la nation, l'économie.

Mais au moment même où nous nous croyons arrivés pour de bon dans la modernité, celle du texte et celle de la ville, une étrange dissonance se fait entendre. Le flâneur absolu, celui que Fabre appelle le « type suprême », celui qui « flâne partout où il se trouve », tout à coup se dérobe et devient à son tour un « ancien flâneur », un flâneur exilé. « Je connais, écrit Fabre, un ancien flâneur de la rue Notre-Dame, proscrit de sa patrie par les nécessités de l'existence, qui, dans le petit village où il est exilé, ne manque jamais au devoir de flâner avant le coucher du soleil : il se promène dans la seule rue de son village, entre quatre ou cinq maisons qui la bordent, et les ménagères de ces maisons règlent leurs pendules sur lui. » Dans cette digression apparemment anodine, mais comme par inadvertance chargée du sens le plus lourd, le « flâneur moderne », celui qui allait accomplir le mariage de Montréal et du siècle, se découvre privé de ville, exilé, réduit au village : un fou, en somme, mimant là où il ne faut pas les gestes de la grande ville, de la métropole. Comment ne pas conclure, avec Hector Fabre et malgré Hector Fabre, à l'impossibilité de flâner rue Notre-Dame ? Comment ne pas penser que dans cette ville, Montréal, le texte moderne et la ville, sur le point de se joindre, sont séparés par quelque empêchement insurmontable ? Aucun des deux flâneurs dont parle Hector Fabre ne se trouve vraiment rue Notre-Dame, *en ville* : le premier, celui du passé, fréquente le mont Royal en compagnie du découvreur Jacques Cartier ; le second, le « flâneur moderne », arpente à heures fixes la rue principale d'un village. Un rendez-vous a été manqué entre l'écriture, le siècle et Montréal.

Je ne dis pas que l'entrée de Montréal dans le texte moderne, au moment même de son invention, aurait été une bénédiction ; les grâces de la modernité sont équivoques, et Walter Benjamin a même parlé d'un « temps de l'enfer » à ce propos, pensant peut-être à Rimbaud. D'autre part, le rendez-vous n'a pas été complètement manqué, comme en témoignent non seulement la chronique d'Hector Fabre mais beaucoup d'autres textes de l'époque. Montréal a vécu dans le siècle, parmi les enjeux du siècle, mais sans le savoir très bien, en catimini, avec malaise, en ne l'avouant que dans le demi-genre de la chronique ou dans les terrains vagues de la littérature populaire, tandis que sa littérature officielle accumulait les discours de distribution de prix si chers au comte de Lautréamont. Il nous reste, de ces diverses manœuvres, le sentiment d'un manque, une difficulté de croire à la réalité textuelle de Montréal. Jean Borie a parlé du XIXe siècle comme d'un « siècle démodé » : « Le démodé, écrit-il, est ce qu'ont en commun les êtres et les choses que nous ne voulons plus être, et que pourtant nous sommes obligés de reconnaître comme constitutifs de notre identité[3]. » Il semble que nous soyons privés d'un Montréal « démodé », d'un Montréal façon XIXe siècle avec lequel nous aurions maille à partir, mais qui serait notre père à la fois incontestable et détesté.

J'ai travaillé pendant quelques années rue Notre-Dame. On n'y flânait guère, et la nostalgie, malgré l'église que l'on sait et le Château Ramesay, n'y fleurissait pas. À l'égard de cette rue célèbre, de cette rue première, je n'éprouvais ni fierté ni honte. Elle n'avait pas affaire à moi, je n'avais pas affaire à elle. Elle fait partie, aujourd'hui, d'un « Vieux-Montréal » tout neuf, où se promènent les touristes et la jeunesse fêtarde. Je voudrais pouvoir penser qu'elle me parle, qu'elle me dit des choses agréables ou désagréables. Mais la restauration matérielle ne s'accompagne pas toujours d'une reconnaissance imaginaire.

---

3. Jean Borie, *Un siècle démodé. Prophètes et réfractaires au XIXe siècle*, Paris, Payot, 1989, p. 23.

Rimbaud, lecteur de la ville

Pour apprendre ce qu'est la ville, la ville moderne, la ville d'aujourd'hui, ce qui fait que Montréal partage des traits communs avec l'ensemble des grandes villes occidentales, on peut consulter des urbanistes, des sociologues, des architectes, des savants en tous genres. Je m'adresserai plutôt à un poète ; et, plutôt qu'un poète contemporain, un poète du XIXe siècle, Arthur Rimbaud. On sait l'importance qu'a, dans son œuvre, ce qu'on pourrait appeler la rêverie urbaine, surtout dans les trois poèmes des *Illuminations* qui ont pour titres « Ville », « Villes I » et « Villes II ». Des rêveries de poète, oui, et l'on serait tenté, au vu de leur forme et des redoutables ambiguïtés sémantiques qui les traversent, de les porter au compte d'un pouvoir de rêverie, d'une imagination qui se soucie assez peu ce que nous appelons le réel. Ma conviction est tout autre : il me paraît que dans l'œuvre de Rimbaud, et particulièrement dans ces trois poèmes des *Illuminations,* se laisse lire une vision de la réalité urbaine qui est celle de notre présent le plus insistant.

Ces trois poèmes constituent un groupe thématique évident qui d'ailleurs, dans les *Illuminations,* n'épuise pas le sujet. Ce qui, dans les poèmes urbains des *Illuminations,* frappe le lecteur quelque peu attentif aux considérations géographiques, c'est étonnamment, pour celui qui a tant rêvé de Paris, l'absence presque complète de la capitale française. On lit, dans « Vies » : « Dans un vieux passage à Paris on m'a enseigné les sciences classiques. » Mais Paris, dans une telle phrase, n'est aucunement privilégié ; c'est une ville parmi d'autres, un lieu d'apprentissage parmi d'autres, comme telle ville orientale où l'on pourrait également s'initier aux « sciences classiques ». Dans « Villes I », il y aura également des allusions cursives à une « belle rue de Paris », à la Sainte-Chapelle. Tout se passe comme si, avec une ville, une capitale qui est la *sienne*, Rimbaud n'arrivait pas à établir des liens textuels importants, significatifs. En revanche, les allusions à Londres abondent. Le texte qui s'intitule « Métropolitain » ne peut devoir son titre qu'à la capitale britannique, dont le métro a été inauguré en 1868 ; et, dans « Promontoire », le patchwork urbain décrit par Rimbaud s'orne d'« embankments », des « "Royal" ou des "Grand" de Scarbro' ou de Brooklyn », de « railways ». Il va sans dire que la « métropole crue moderne » de « Ville », où le cours de la vie « doit être plusieurs fois moins long que ce qu'une statistique folle trouve pour les peuples du continent », ne peut être que Londres ; et que l'utilisation du vocabulaire anglais dans « Villes I » ne nous entraîne pas seulement vers l'étrange, mais aussi bien vers l'étranger, vers la ville la plus étrange et la plus étrangère qui soit pour un Français de bonne souche.

Arthur Rimbaud a fait quelques séjours à Londres, en 1873 et en 1874, avec Verlaine puis avec Germain Nouveau, et il y a même reçu une longue visite de la *Mother*, accompagnée de Vitalie. Mais le poète des *Illuminations* n'est pas un poète du pittoresque, des étrangetés occasionnelles, des curiosités touristiques. Il a quitté Paris, le Paris du « Chant de guerre parisien », de « L'orgie parisienne ou Paris se repeuple », de « Qu'est-ce pour nous, mon cœur… », le Paris qui avait attiré le jeune Rimbaud comme une fournaise, la ville des révolutions, des mauvais et des bons coups, de l'histoire sanglante, en marche, et qui a rendu son dernier soupir dans « Une saison en enfer » :

> « Général, s'il reste un vieux canon sur tes remparts en ruines, bombarde-nous avec des blocs de terre sèche. Aux glaces des magasins splendides ! dans les salons ! Fais manger sa poussière à la ville. Oxyde les gargouilles. Emplis les boudoirs de poudre de rubis brûlante… »

Le Paris véritable, pour Rimbaud, c'est celui-là, le Paris du XIXe siècle révolutionnaire ; s'il le quitte, c'est qu'il abandonne en même temps une image du monde et une image de l'histoire, certaine forme d'espoir ou de désespoir, peut-être une *façon d'écrire.*

Le mythe de Londres et les récits, les images qu'il engendre sont profondément différents de ceux de Paris, et il ne manque pas de textes, au XIXe siècle, pour marquer cette différence. Citons Théophile Gautier, inspirateur à plus d'un titre de Rimbaud, qui manifeste sa stupéfaction, en arrivant dans la capitale anglaise, en des termes étrangement proches de ceux de « Villes I » : « Une forêt de cheminées colossales, en forme de tours, de colonnes, de pylônes, d'obélisques, donnait à l'horizon un air égyptien, un vague profil de Thèbes, de Babylone, de ville antédiluvienne, de capitale des énormités et des rébellions de l'orgueil, tout à fait extraordinaire » (*Caprices et Zigzags,* 1856). Il ne se lassera pas d'évoquer Babylone, soit à propos d'un escalier monumental, soit à propos d'« un magasin de pauvre architecture » transformé par les brumes et les fumées en spectacle de grandes dimensions. Londres se désigne d'abord par le colossal, l'énorme — adjectifs qui conviennent mal à Paris, plus féminin —, et l'on imagine qu'un tel caractère était familier à celui qui, dans la « Lettre du Voyant », avait rêvé de l'« énormité devenant norme ». Londres est énorme, colossal, non seulement en lui-même, dans le spectacle qu'il offre au voyageur, mais aussi parce qu'il est ville impériale, qu'en lui c'est vraiment le cœur du monde qui bat, à la fois dans sa diversité géographique et dans la profondeur de sa mémoire. Paris s'écrit au singulier, dans la splendeur d'une vie exaltée ; Londres, au pluriel. Paris n'a qu'une idée en tête, celle de faire triompher les idéaux de la Révolution française, encore trahis en 1871, toujours trahis ; Londres, confortablement installé dans sa monarchie constitutionnelle, porte les rêves d'une humanité disparate, bariolée, avec laquelle il fait commerce au double sens du mot, le noble et le moins noble. Paris, pourtant chargé de passé, ne pense qu'à le dilapider au nom de quelque utopie ; Londres engrange la mémoire du monde au British Museum, où Rimbaud passera de longues heures, occupé, paraît-il, à apprendre la langue anglaise.

Londres, enfin, est la ville des *Illuminations.* Prononcez « Illuminécheunes », à la façon de Verlaine.

* * *

Quelques mots sur ce titre, qu'on ne lit pas sous la plume de Rimbaud, mais dont on ne peut douter qu'il vienne de lui.

Il n'a pas à étonner, dans une littérature où toutes les formes d'illuminisme, en particulier l'illuminisme social, ont cours depuis plus d'un demi-siècle. Mais ce sont, à la suggestion de Verlaine, les sens anglais du mot qui nous retiennent principalement. « *Painted plates* » ou « *coloured plates* », dit-on. Écartons la traduction par « assiettes » ; le mot « plaque », à cause de sa polyvalence (photographie, et cetera) convient mieux. De toute manière, « *coloured plates* » renvoie au visuel, au visuel orné, enluminé : on se souviendra des « enluminures populaires » dont il est question dans « Alchimie du verbe ». Mais, puisqu'on se trouve en Angleterre, on pensera également à John Ruskin et à la théorie d'un « art de l'illumination » dont il parle dans *Modern Painters* (1843). Cet art, dont le maître moderne est John Turner, est fondé sur la juxtaposition d'éléments séparés par un vide que le spectateur est invité à combler par sa propre activité mentale. Il déroutera ceux qui exigent du tableau une représentation conventionnellement réaliste. Ainsi, dans « Villes II », la coexistence des « Alleghanys » et des « Libans de rêve », des « Mabs en robes rousses » et d'un « boulevard de Bagdad » ne va pas de soi. On a beaucoup glosé sur l'obscurité des *Illuminations*, au point de conclure parfois à l'impossibilité de tout commentaire sensé. C'est dire à quel point Rimbaud change les règles du sens, exigeant de son lecteur moins un supplément de subtilité qu'un désistement, un consentement à certaine forme de « stupeur » (« Vies »). Ce qu'on lit dans les textes urbains des *Illuminations*, c'est l'écriture disjointe, plurielle d'une ville qui ne se définit plus dans une séquence historique, un vecteur d'avenir, mais par la coexistence en elle de pulsions, d'images, de mouvements irréductibles à toute forme de composition unitaire.

Aussi bien n'est-il pas indifférent que cette ville soit étrangère ; elle doit l'être, séparée du lieu d'origine par un large *channel* qui est, plus qu'un accident géographique, la marque d'une distance, d'un arrachement, peut-être d'un émerveillement. Énorme, la ville, essentiellement, étonne : « Le haut quartier a des parties inexplicables... » (« Villes I »). « Pour l'étranger de notre temps la reconnaissance est impossible » (« Villes I »). Devant la ville, le spectacle de la ville, tout homme est en effet l'« étranger de notre temps », car elle est l'avenir déjà réalisé, l'inouï, l'impensable présents *hic et nunc*, une forme nouvelle d'existence qui s'est proposée dans l'ordre visible avant que nous ayons pu la reconnaître en nous-mêmes, dans nos émotions, nos connaissances. C'est ici le lieu de souligner qu'à travers la métropole britannique, c'est toute ville, la ville même en tant que forme du vivre-ensemble, qu'évoque Rimbaud. Évoquer, le mot est faible : par sa forme, par ses obscurités, le texte de Rimbaud construit une ville qui, d'entrée de jeu, se refuse à la lecture traditionnelle. Ce n'est plus, certes, la ville de Balzac et de Hugo, la ville cloaque du premier ni la « ville pivot » du second ; ce n'est même plus celle de Baudelaire, nourrissant la mélancolie par le contraste de son changement incessant et de souvenirs « plus lourds que les rocs » (« Le cygne »). Pourtant, la forme même des *Illuminations* ne viendrait-elle pas, comme on l'a suggéré, des poèmes en prose de Baudelaire, où s'opérait déjà la fusion d'un style et d'une perception de la réalité urbaine ? Regardons-y d'un peu près. La prose du *Spleen de Paris*, d'une élégance toute classique, n'a guère d'affinités avec les phrases heurtées, souvent bancales des *Illuminations*. Étrangement, c'est dans les « projets et plans » baudelairiens qu'on trouvera les textes les plus proches de Rimbaud :

> Au milieu d'un groupe de différentes personnes descendant d'une diligence, une femme entourée de ses enfants se jette au cou d'un voyageur en bonnet de coton. Jour froid de Paris. Un petit se hausse sur les pieds pour être embrassé.
> Plus loin, un autre voyageur charge ses paquets sur les crochets d'un commissaire.
> Au premier plan, à gauche…

Et Rimbaud, dans « Villes I » :

> Le quartier commerçant est un circus d'un seul style, avec galeries à arcades. On ne voit pas de boutiques. Mais la neige de la chaussée est écrasée ; quelques nababs aussi rares que les promeneurs d'un matin de dimanche à Londres, se dirigent vers une diligence de diamants. Quelques divans de velours rouge : on sert des boissons polaires dont le prix varie de huit cents à huit mille roupies.

La ressemblance vient moins de la thématique que du rythme, de l'objectivité voulue de la description, et surtout de l'impression d'inachèvement. Il semble que les textes de Rimbaud, par la volonté expresse de l'auteur, restent à l'état d'ébauches, d'esquisses, se refusent à la complétude que Baudelaire, au contraire, aurait certainement donnée à ses textes s'il avait voulu les proposer à la lecture. En cela, les *Illuminations* sont plus près que les proses de Baudelaire de ce que nous entendons aujourd'hui par la poésie ; elles le sont par ce qui, en elles, réduit le texte à l'état d'énigme, de question à jamais insoluble, et n'appelant pas de réponse : *light through,* dirait Marshall McLuhan, et non pas *light on.* C'est en cela également qu'elles sont contemporaines de la réalité urbaine qu'elles mettent en langage : la ville nouvelle, en perte d'unité manifeste, égarant le regard et l'intelligence par les réseaux outrageusement complexes de commerce et de mémoire qu'elle constitue, se présente comme un processus plutôt qu'un résultat.

* * *

Il faudra, avant d'entrer dans les « splendides villes » annoncées à la fin d'*Une saison en enfer,* dissoudre par l'ironie une fausse image, celle-là même qui, dans la pensée du XIXe siècle, a le prestige de la nouveauté, de la modernité, et qui sous diverses formes, de Saint-Simon à Fourier, des utopistes les plus emportés aux plus modestes rêveurs, des individualistes aux socialistes, ne cesse de revenir dans les discours. À la croissance incontrôlée de la ville, à la prolifération de la misère et du crime, aux maux de toutes sortes provoqués par le développement sauvage, cette pensée propose un remède : la rigoureuse planification, le bonheur en parts égales pour tous, l'organisation efficace. C'est, si l'on veut, le « phalanstère » de Fourier ; ou, à un niveau d'abstraction plus élevé, la raison triomphant par tous les moyens du désordre urbain. La « Ville », donc, au singulier : soumise à l'empire de l'unique, d'un positivisme sans résidus.

Ville

Je suis un éphémère et point trop mécontent citoyen d'une métropole crue moderne parce que tout goût connu a été éludé dans les ameublements et l'extérieur des maisons aussi bien que dans le plan de la ville. Ici vous ne signaleriez les traces d'aucun monument de superstition. La morale et la langue sont réduites à leur plus simple expression, enfin ! Ces millions de gens qui n'ont pas besoin de se connaître amènent si pareillement l'éducation, le métier et la vieillesse, que ce cours de vie doit être plusieurs fois moins long que ce qu'une statistique folle trouve pour les peuples du continent. Aussi comme, de ma fenêtre, je vois des spectres nouveaux roulant à travers l'épaisse et éternelle fumée de charbon, — notre ombre des bois, notre nuit d'été ! — des Érinnyes nouvelles, devant un cottage qui est ma patrie et tout mon cœur puisque tout ici ressemble à ceci, — la Mort sans pleurs, notre active fille et servante, un Amour désespéré, et un joli Crime piaulant dans la boue de la rue.

Les thèmes essentiels de l'espoir rimbaldien sont, ici, réduits non pas à néant, mais, pire, à l'ersatz : la « métropole *crue* moderne » est ce qui reste de l'« absolument moderne » dont parlait *Une saison* ; celui qui rêvait de « Bonheur », avec la majuscule, est devenu bêtement le « point trop mécontent citoyen » ; la passion de l'« inconnu », enfin, si violemment active dans la « Lettre du Voyant », se dégrade dans la simple absence de « tout goût connu ». C'est-à-dire : le *même,* mais purgé, désinfecté, arraché à la démesure, ramené à la norme. Tout, dans le texte, parle de réduction à la rationalité pure, de normalisation : « aucun monument de superstition » ; la connaissance de soi et de l'autre (« pas besoin de se connaître ») rendue inutile par la parfaite organisation de l'existence commune ; le temps lui-même réduit (« Je suis un éphémère… »), raccourci par cette infaillible uniformité. Il ne reste rien ici du monde ancien : les « spectres » mêmes sont « nouveaux », les « Érinnyes » sont « nouvelles ». Le négatif est entièrement domestiqué, soumis à l'ordinaire, et amène des malheurs qui ont l'innocuité des affiches de music-hall : « Mort sans pleurs », « Amour désespéré », « joli Crime piaulant dans la boue de la rue ». Rien n'échappe à l'égalité, à la ressemblance générales, puisque, écrit Rimbaud dans un raccourci saisissant, « tout ici ressemble à ceci » : « mon cottage » est « ma patrie et tout mon cœur », et mon cottage n'est en rien différent de celui de « millions de gens ».

Voici donc le texte, aussi peu engageant que possible, d'une ville qui a décidé de se priver de tout excès, de tout état d'âme, de tout supplément imaginatif ou spirituel. Nous reconnaissons bien en elle l'épure théorique de l'unanimisme égalitaire dont rêve le XIXe siècle — et dont la fin du XXe, le nôtre, n'est pas dégagée, loin de là. En fait, plutôt que la description d'une ville réelle, nous lisons ici un programme ; c'est un texte qui est reproduit, mimé et déplacé par l'ironie. Déplacé, mais non contredit : Rimbaud se tient au plus près de la ville qu'il ironise, puisqu'une telle réduction rejoint les dégoûts exprimés dans *Une saison* à l'égard des prétentions du « Voyant ». Ce qu'il dénonce dans « Ville », il l'a désiré, et peut-être le désire-t-il encore. L'ironie se produit ici, paradoxalement, à l'intérieur d'une fidélité, une fidélité outrancière qui prend au mot, littéralement, le programme de la ville moderne à construire en dehors de toute illusion, de tout rêve. Si le texte dit « je », c'est que le narrateur habite vraiment cette ville, la reconnaît pour sienne ; mais aussi bien il se pose comme la voyant, l'observant, la comprenant *trop bien.*

« Ville » s'oppose à « Villes I » et à « Villes II » comme le singulier au pluriel, l'unité à la diversité, l'ordre (stérile) au désordre (fécond). Le pluriel, dans ces deux dernières « illuminations », ne désigne pas plusieurs villes, car « Villes II » parle d'« un peuple », et « Villes I », d'« une ville ». Il s'agit plutôt d'une ville plurielle, pluralisée pour ainsi dire par l'extrême diversité de ses composantes, des strates historiques et géographiques qui la constituent. On notera également, entre le premier poème et les deux autres, une différence significative quant au nombre des habitants : on parlait dans « Ville » de « millions de gens », c'est-à-dire d'une masse innombrable, impliquant l'anonymat, alors que le « peuple » de « Villes II » renvoie à une notion chargée de sens social et que, étonnamment, « quelques cents âmes » seulement habitent la métropole de « Villes I ». Observons enfin que dans les villes plurielles on est encore dans le moderne, mais un moderne qui aurait changé de forme et de sens, un *vrai* moderne. Après la « métropole crue moderne », voici le modernisme authentique de la ville impériale.

Villes [i]

L'acropole officielle outre les conceptions de la barbarie moderne les plus colossales. Impossible d'exprimer le jour mat produit par ce ciel immuablement gris, l'éclat impérial des bâtisses, et la neige éternelle du sol. On a reproduit dans un goût d'énormité singulier toutes les merveilles classiques de l'architecture. J'assiste à des expositions de peinture dans des locaux vingt fois plus vastes qu'Hampton-Court. Quelle peinture ! Un Nabuchodonosor norwégien a fait construire les escaliers des ministères ; les subalternes que j'ai pu voir sont déjà plus fiers que des Brahmas, et j'ai tremblé à l'aspect des gardiens de colosses et officiers de constructions. Par le groupement des bâtiments en squares, cours et terrasses fermées, on a évincé les cochers. Les parcs représentent la nature primitive travaillée par un art superbe. Le haut quartier a des parties inexplicables : un bras de mer, sans bateaux, roule sa nappe de grésil bleu entre des quais chargés de candélabres géants. Un pont court conduit à une poterne immédiatement sous le dôme de la Sainte-Chapelle. Ce dôme est une armature d'acier artistique de quinze mille pieds de diamètre environ.

> Sur quelques points des passerelles de cuivre, des plates-formes, des escaliers qui contournent les halles et les piliers, j'ai cru pouvoir juger la profondeur de la ville. C'est le prodige dont je n'ai pu me rendre compte : quels sont les niveaux des autres quartiers sur ou sous l'acropole ? Pour l'étranger de notre temps la reconnaissance est impossible. Le quartier commerçant est un circus d'un seul style, avec galeries à arcades. On ne voit pas de boutiques. Mais la neige de la chaussée est écrasée ; quelques nababs aussi rares que les promeneurs d'un matin de dimanche à Londres, se dirigent vers une diligence de diamants. Quelques divans de velours rouge : on sert des boissons polaires dont le prix varie de huit cents à huit mille roupies. À l'idée de chercher des théâtres sur ce circus, je me réponds que les boutiques doivent contenir des drames assez sombres. Je pense qu'il y a une police. Mais la loi doit être tellement étrange, que je renonce à me faire une idée des aventuriers d'ici.
> Le faubourg, aussi élégant qu'une belle rue de Paris, est favorisé d'un air de lumière. L'élément démocratique compte quelques cents âmes. Là encore les maisons ne se suivent pas ; le faubourg se perd bizarrement dans la campagne, le « Comté » qui remplit l'occident éternel des forêts et des plantations prodigieuses où les gentils hommes sauvages chassent leurs chroniques sous la lumière qu'on a créée.

« Barbarie », dans les premières lignes de ce texte, ne désigne pas ce qui précède la civilisation, mais au contraire ce qui lui succède, un état ultérieur de l'humanité que le poème « Barbare », quelques pages plus loin, situera « après les jours et les saisons, et les êtres et les pays [...], Loin des vieilles retraites et des vieilles flammes ». Ainsi, le texte contredit explicitement le principe fondateur de la « métropole crue moderne », qui était la réduction économique à l'essentiel. C'est l'outrance, ici, la surcharge qui fait loi : « L'acropole officielle outre les conceptions... On a reproduit dans un goût d'énormité singulier... J'assiste à des expositions de peinture dans des locaux vingt fois plus vastes... Un Nabuchodonosor norwégien... j'ai tremblé à l'aspect des gardiens de colosses... Ce dôme est une armature d'acier artistique de quinze mille pieds de diamètre environ. » Cette ville, donc, ne se laisse pas réduire à l'utilitaire, au *primo vivere*, et l'on pourra même dire qu'elle n'a pas d'essence, de centre, puisqu'elle n'existe que par comparaison, empruntant à tous les âges et à tous les lieux des motifs qu'elle reproduit avec outrance. Elle imite Hampton-Court, ou le dôme de la Sainte-Chapelle, ou « une belle rue de Paris » ; on y rencontre des « nababs, aussi rares que les promeneurs d'un matin de dimanche à Londres » ; il y a un « Comté » (*county*), comme en Angleterre. La ville copie : « On a reproduit dans un goût d'énormité singulier toutes les merveilles classiques de l'architecture. » Et quand d'aventure elle a affaire à de l'original, du naturel, elle s'empresse de le transformer en artefact : la « nature primitive » y est « travaillée par un art superbe », et même dans le « faubourg » et le « Comté », où la nature aurait pour ainsi dire droit de cité, « les gentilshommes sauvages chassent leurs chroniques sous la lumière qu'on a créée ». Aussi bien la ville, privée de définition propre, tous liens coupés avec quelque sorte d'essence ou de nature que ce soit, n'offre-t-elle rien à comprendre à celui qui l'arpente, à cet « étranger de notre temps » qui voit en elle l'« inexplicable » même : « la reconnaissance est impossible », et il faut renoncer à se « faire une idée des aventuriers d'ici ». Rimbaud dit bien : « étranger de notre temps », et non « étranger à notre temps ». Face à la ville impériale, ou plutôt *dans* cette ville, tout homme devient « étranger », subit un étonnement, une sortie de soi qui détruit la socialité naturelle, l'apparentement de l'homme avec ses semblables, de l'homme avec son habitat.

Pour un peu, nous le dirions, cet homme, aussi profondément aliéné, mais d'une manière différente, que celui de

« Ville », l'« éphémère citoyen ». La ville dans laquelle il se trouve n'est pas particulièrement accueillante. Elle est grise (« le ciel immuablement gris ») et froide (« la neige éternelle du sol », la « nappe de grésil »), froide comme le métal (« armature d'acier », « passerelles de cuivre »). Et elle est vide ou presque, sans animation, sans commerce, sans foule : « on a évincé les cochers » ; « pas de boutiques » ; « quelques nababs » ; l'« élément démocratique [admirons le caractère scientifique de l'expression] compte quelques cents âmes » seulement ; en banlieue, des « gentilshommes sauvages »... Cette ville, cependant, par opposition à la « métropole crue moderne », n'est pas dépourvue d'une étrange beauté ; elle fascine comme un tableau de Chirico, ou encore comme les villes géométriques de Robbe-Grillet. Dans ce texte, Rimbaud semble planter le décor d'une ville en attente, d'une ville future et qui ne serait jamais que future, une ville définitivement inachevée, si l'on peut se permettre cet oxymoron, selon le vœu qu'implique la forme même des *Illuminations*. Cette ville qui ressemble à toutes les villes ne ressemble à aucune parce que, précisément, à la différence de la « métropole » du texte précédent, où « tout ici ressemble à ceci », elle est fondée sur le principe de la non-coïncidence, de la non-reconnaissance.

Quelle chaleur par contre, quel enthousiasme, quel tohu-bohu de formes et de sensations dans « Villes II » !

Villes [ii]

Ce sont des villes ! C'est un peuple pour qui se sont montés ces Alleghanys et ces Libans de rêve ! Des chalets de cristal et de bois qui se meuvent sur des rails et des poulies invisibles. Les vieux cratères ceints de colosses et de palmiers de cuivre rugissent mélodieusement dans les feux. Des fêtes amoureuses sonnent sur les canaux pendus derrière les chalets. La chasse des carillons crie dans les gorges. Des corporations de

> chanteurs géants accourent dans des vêtements et des oriflammes éclatants comme la lumière des cimes. Sur les plates-formes au milieu des gouffres les Rolands sonnent leur bravoure. Sur les passerelles de l'abîme et les toits des auberges l'ardeur du ciel pavoise les mâts. L'écroulement des apothéoses rejoint les champs des hauteurs où les centauresses séraphiques évoluent parmi les avalanches. Au-dessus du niveau des plus hautes crêtes, une mer troublée par la naissance éternelle de Vénus, chargée de flottes orphéoniques et de la rumeur des perles et des conques précieuses, — la mer s'assombrit parfois avec des éclats mortels. Sur les versants des moissons de fleurs grandes comme nos armes et nos coupes, mugissent. Des cortèges de Mabs en robes rousses, opalines, montent des ravines. Là-haut, les pieds dans la cascade et les ronces, les cerfs tètent Diane. Les Bacchantes des banlieues sanglotent et la lune brûle et hurle. Vénus entre dans les cavernes des forgerons et des ermites. Des groupes de beffrois chantent les idées des peuples. Des châteaux bâtis en os sort la musique inconnue. Toutes les légendes évoluent et les élans se ruent dans les bourgs. Le paradis des orages s'effondre. Les sauvages dansent sans cesse la fête de la nuit. Et une heure je suis descendu dans le mouvement d'un boulevard de Bagdad où des compagnies ont chanté la joie du travail nouveau, sous une brise épaisse, circulant sans pouvoir éluder les fabuleux fantômes des monts où l'on a dû se retrouver.
>
> Quels bons bras, quelle belle heure me rendront cette région d'où viennent mes sommeils et mes moindres mouvements ?

Prenons garde au verbe qui apparaît dans la deuxième phrase du texte : « monter » s'associe aux images de montagne par l'idée d'ascension, de hauteur, mais il signifie également le montage, la construction, l'artifice. Il est important de souligner ce double sens possible, car l'organisation ouvertement onirique du texte, renforcée à la fin par la référence à

« mes sommeils », peut suggérer un mouvement purement instinctif, naturel, sans rapport avec la facticité urbaine. « Ce grouillement de vie, dit Antoine Adam dans les notes du *Rimbaud* de la Pléiade, donne surtout l'image d'une grande confusion. La confusion des rêves de Rimbaud. » Confusion ? Oui, mais comme un effet voulu, programmé. Les lois du rêve, déplacement et condensation, sont à l'œuvre ici, produisant de splendides oxymorons (« palmiers de cuivre », « rugissent mélodieusement », « canaux pendus », « paradis des orages »), des accointances étonnantes entre des images apparemment incompatibles. Ces images, cependant, dont les sources picturales et littéraires ont été exhumées par des commentateurs nombreux, se laissent organiser par une pensée qui n'est pas celle, la plus intime, du narrateur, mais la pensée même de la ville. Au contraire de celle qui organisait « Villes II », cette pensée est essentiellement dynamique, elle fait de la ville moins le produit que la rencontre, le choc et la fusion d'éléments hétérogènes venus des horizons les plus divers du temps et l'espace : « Toutes les légendes évoluent et les élans se ruent dans les bourgs. » Les légendes, c'est-à-dire ce qui se raconte, se lit, les récits qui sont le sens du monde et que la ville moderne reçoit à l'état de fragments, de pièces détachées. Voici donc, non pas inertes mais emportés dans le furieux mouvement d'un texte-ville qui est fusion jamais terminée : venus du Moyen Âge, des « corporations de chanteurs géants », des « Rolands [qui] sonnent leur bravoure », des « beffrois », des « châteaux » ; de plus loin dans le temps, de l'Antiquité, des « centauresses », une « Vénus », une « Diane », des « bacchantes » ; d'Amérique du Nord, des « Alleghanys » et des « sauvages » ; du Moyen-Orient, des « Libans », des « palmiers », une « Bagdad » ; quelques chalets, vraisemblablement suisses ; des idées sur le « travail nouveau », peut-être venues de la Révolution française avec quelques « idées des peuples »... Ce bric-à-brac n'est pas n'importe quoi ; c'est la *ville même*, semblable à quelque luna-park ou à un grand musée, lieu de la collision et de la collusion du passé et du présent, de l'étrange et du familier, dynamisée par la diversité même qui la prive d'unité.

La ville et *moi-même,* d'un seul tenant ; la ville comme source et forme de mes actions les plus indiscutablement personnelles :

> Quels bons bras, quelle belle heure me rendront cette région
> d'où viennent mes sommeils et mes moindres mouvements ?

Moi-même séparé de moi-même, étranger à moi-même : comme la ville, avant tout définie par une étrangeté dont nous apprenons peu à peu qu'elle n'est pas seulement la distance par rapport à l'observation d'un spectateur neutre, mais qu'elle est constitutive de sa réalité même. La ville a plus d'une façon d'être étrange : dans « Ville », c'était par soustraction, par suppression de toute forme d'inégalité ; dans « Villes I », par la splendeur et l'immensité d'une organisation où l'homme, étonné, se reconnaît à peine ; dans « Villes II », enfin, par la profusion, l'abondance, le désordre de ce qui afflue dans ses « bourgs » et qui fait rêver d'une origine infiniment éloignée, distante à jamais. Où que nous la rencontrions dans les *Illuminations,* la ville rimbaldienne se donne toujours comme fascinante et déroutante, et prend inévitablement la forme d'une question : celle qui se formule explicitement à la fin de « Villes II », mais qui envahit aussi bien, sous des formes moins directes, les autres textes urbains.

* * *

L'artiste, écrit Wyndham Lewis, « est toujours en voie d'écrire l'histoire détaillée de l'avenir parce qu'il est la seule personne consciente de la vraie nature du présent ».

Que fait, ici, l'artiste, le poète Arthur Rimbaud ? Que fait le poème ?

Le XIXe siècle est le siècle de la ville. La révolution technique et industrielle, l'expansion du secteur tertiaire, la désertion des campagnes, tout cela entraîne une croissance urbaine effrénée, qui fait de la ville moderne une réalité sans commune mesure avec celle des siècles précédents. Non seulement la ville se transforme avec une violence si grande que Lewis Mumford a pu parler d'une véritable désagrégation, mais elle devient un fait de conscience à la fois personnel et social, l'objet d'un discours surabondant, multiforme, partagé à parts presque égales entre le constat sociologique et l'utopie, la déploration et la célébration. De Balzac à Victor Hugo, du saint-simonien Duveyrier à Théophile Gautier, de Fourier à Baudelaire, la ville fait question, elle réunit sous son signe l'ensemble des questions modernes.

De cette nouvelle réalité, de ce nouveau discours, le texte de Rimbaud est d'abord, fidèlement, le reflet. Le poète dit ce qui se voit, ce qui s'éprouve au contact des villes qu'il connaît, Paris, Londres, peut-être Bruxelles. Nous lisons un poème *à sujet*, et seul un *a priori* esthétique têtu pourrait nous convaincre d'amputer notre lecture de ce niveau d'observation. Il n'est pas indispensable, sans doute, de connaître par le détail les séjours urbains du citoyen Arthur Rimbaud, mais il importe d'accueillir à titre de renseignements utiles les images de la ville qu'il nous rapporte. À plus d'un égard, les textes de « Villes » rappellent les descriptions faites par divers écrivains, ou même la petite sœur Vitalie, venue rendre visite à son frère dans la capitale britannique. Mais le poème, bien sûr, ne se contente pas d'observer la ville, d'en faire l'expérience directe, concrète ; il la lit, c'est-à-dire qu'il lit et reproduit le texte urbain de son époque. Le sens commun, trop commun, voudrait que la feuille de papier ainsi placée entre la *réalité* et le regard poétique privât ce dernier de sa fraîcheur, de sa force, de son originalité. Au contraire, le texte fait voir, la feuille de papier est un filtre (un philtre ?) qui permet de percevoir dans le paysage urbain ce qu'un regard nu, non averti ne verrait pas. Les longues séances de lecture de

Rimbaud au British Museum, durant son séjour à Londres, sont une image particulièrement suggestive de cette collaboration entre observation et lecture.

Mais le poème, en tant que poème, n'est pas encore commencé. Il ne commencera qu'au *traitement de texte* ; lorsque le texte urbain général sera pris par le poète au pied de la lettre, littéralement, au mot. Le poème n'est pas très intelligent, ou du moins il ne pratique pas cette forme d'intelligence qui fait dire d'un homme qu'il est intelligent. Il n'invente guère, il ne fait pas preuve de beaucoup d'originalité intellectuelle. Tous les thèmes, toutes les idées des poèmes urbains des *Illuminations* peuvent être retrouvés chez les idéologues du XIXe siècle : l'uniformité produite par la grande ville, son caractère cosmopolite et pour ainsi dire encyclopédique, les prodigieuses nouveautés de tous ordres qu'elle réunit, les espoirs et les dégoûts qu'elle suscite. Mais si le poème puise à pleines mains dans ce répertoire idéologique, c'est pour le décanter, le réduire à ses éléments simples. Et c'est ainsi, en ne se laissant pas distraire par les circonstances, les plaidoyers, les intérêts particuliers, en réduisant la pensée à l'épure d'une forme, que l'artiste, pour reprendre la formule de Wyndham Lewis, dévoile la « nature du présent » et en extrait les prémices de l'avenir. Une idée centrale anime les trois poèmes que nous venons de lire : la nouveauté radicale de la ville, faisant naître chez celui qui la considère un sentiment de mystère, d'étrangeté. Or, ce sentiment n'est pas appelé à s'atténuer par l'habitude ; c'est *pour toujours* que la ville est nouvelle, le « récent » devenant sa forme même, sa définition. Elle est à la fois ce que nous connaissons le mieux, notre seule habitation véritable, l'extrême du familier, et ce que nous connaissons le moins, ce qui se dérobe le plus subtilement au vieux désir de l'habitation. C'est à titre d'« éphémère[s] citoyen[s] » que nous habitons nos villes.

* * *

En lisant le Rimbaud des « Villes », avons-nous oublié Montréal ?

« Montréal est grand comme un désordre universel », écrit Gaston Miron dans un de ses plus grands poèmes, « La marche à l'amour ». La ville, notre ville, appartient à l'universel, à l'ordre citadin du monde ; et elle lui appartient comme désordre, par ce qui, en elle, résiste au vœu d'appartenance, au vœu d'unité. Elle ne peut se prévaloir, comme Londres et Paris, d'un passé unifiant, riche, glorieux, dans lequel l'aujourd'hui pourrait se réfugier comme en rêve. Elle n'a, comme histoire d'origine, que cette Ville-Marie dont les liens avec la ville présente sont devenus inexistants.

Le Montréal de Gaston Miron, qui est indiscutablement le nôtre, se propose comme mouvement incessant, coexistence de langues diverses, des « néons » ultramodernes et des récits venus d'ailleurs, des temps anciens :

> or je suis dans la ville opulente
> la grande Ste. Catherine Street galope et claque
> dans les Mille et Une Nuits des néons
> moi je gis, muré dans la boîte crânienne
> dépoétisé dans ma langue et mon appartenance
> déphasé et décentré dans ma coïncidence.

Que le poète quitte la brillante artère commerciale pour descendre dans les « quartiers minables » où vit le prolétariat urbain, c'est toujours la non-coïncidence, le « décousu » qui l'attend, le « débarras de l'Histoire » :

> or je descends vers les quartiers minables
> bas en respirant dans leur remugle
> je dérive dans des bouts de rues décousus
> voici ma vraie vie — dressée comme un hangar —
> débarras de l'Histoire.

Mouvement incessant, diversité irréductible à l'unité, tels sont bien, à Montréal comme ailleurs, les caractères essentiels de la réalité urbaine, en ce XXe siècle finissant, et comment croire que les puissantes nostalgies pourront l'arracher à ce qui apparaît comme son destin ? Cela ne signifie peut-être pas que soit interdit le bonheur de la ville, d'habiter *cette* ville ; même s'il est teinté par une nostalgie sans objet, et peut-être pour cette raison même.

HISTOIRES DE MONTRÉAL

Bonheur d'occasion : le réalisme, la ville

On a très souvent parlé, à juste titre, du réalisme de *Bonheur d'occasion*. Or on sait, depuis Roman Jakobson au moins, que ce terme peut recevoir des sens divers et même contradictoires : ainsi, dans certaines écoles, on qualifiera de réaliste le probable, le commun, alors que dans une autre le même mot désignera l'incongru, le petit détail apparemment inutile qui signale la diversité, l'imprévisibilité du réel. Quand Roger Duhamel, peu de temps après la parution du roman de Gabrielle Roy, écrit dans *L'Action nationale* : « Elle ne démontre rien, elle a fait voir simplement ce que ses yeux ont vu, ce que nous tous, nous avons vu à plusieurs reprises », il se réfère à ce qu'on appellera ailleurs le réalisme, mais que dit-il au juste ? L'absence de démonstration, de thèse, dont il fait compliment à l'auteur, est à lire comme une condamnation de la littérature d'édification, la régionaliste en particulier, dont la théorie avait dominé la scène littéraire québécoise pendant de longues années. Cet éloge n'aurait guère de sens dans la France de la même époque ; il a une signification historique limitée au lieu où il s'énonce, le milieu littéraire et culturel québécois. Donc, ne démontrant rien, Gabrielle Roy, dans *Bonheur d'occasion*, « fait voir simplement ce que ses yeux ont vu » ; Roger Duhamel emploiera plus loin le verbe « traduire », mais il s'agit évidemment d'une traduction fidèle, et le deuxième segment de la phrase implique qu'il est possible et louable, selon la doctrine réaliste la plus communément reçue, de faire passer le réel observable dans le roman. On entend ici une autre affirmation polémique, faisant elle aussi partie de l'argumentation anti-régionaliste, et qui porte sur la nécessité première de l'expression personnelle. Le critique nous dit que l'écrivain ne doit pas être avant tout le porte-parole de la nation, des intérêts collectifs, mais offrir un regard personnel sur la réalité. Cependant, le collectif, rejeté comme imposition dogmatique, va renaître sous le signe de la communauté, du pluriel : « ce que nous tous, nous avons vu à plusieurs reprises », dit Roger Duhamel. Le voir-ensemble, le vivre-ensemble se substituent à la définition préalable des fins collectives, et on se trouve encore devant une considération qui n'a à vrai dire de sens qu'historique, par rapport à l'évolution particulière d'un milieu donné. Il n'y a pas de réalisme en soi ; le réalisme est essentiellement polémique, il est une réponse à quelque provocation de l'Histoire.

Ce sont là, j'y consens, des banalités, que n'importe quel étudiant ou même n'importe quel professeur de littérature québécoise peut découvrir aisément pour son compte. Mais il me semble qu'il n'y a rien de tel, pour faire avancer un peu les choses, que les banalités patiemment développées, examinées, prolongées. J'essaierai de donner un surplus de sens au discours habituel sur le réalisme de *Bonheur d'occasion* et surtout sur la portée, la signification historique de ce réalisme, en recourant au concept lukacsien de « grand réalisme ». Je sais que je rencontre là d'autres problèmes : la notion de réalisme, chez Georges Lukacs, est à la fois plus large et à peine plus précise que celle du langage courant ; et d'autre part, comme le souligne entre autres Marc Angenot, mais avec plus de nuances que la plupart, le grand critique hongrois « est aveugle au texte comme matérialité et à l'écriture comme pratique », ce qui risque de le déqualifier aux yeux des modernes que nous sommes tous. Je me permettrai de passer outre, à cause des aperçus très riches, me semble-t-il, que la réflexion du critique permet d'ouvrir sur le roman de Gabrielle Roy. Ce que je prends chez Lukacs, d'ailleurs, ce n'est pas tant une méthode qu'un modèle ; ou, si l'on préfère, un récit-cadre de l'évolution sociale dont la concordance avec celui de *Bonheur d'occasion* me paraît tout à fait remarquable. Je signale une autre différence : le critique hongrois décrit le roman *tel qu'il doit être*, et tel qu'il le lit chez Balzac (mais non chez Hugo ou Zola), chez Thomas Mann (mais non chez Kafka ou, pire, chez Beckett) ; pour moi, dans l'horizon idéologique où je me situe, une telle prescription, avec les proscriptions qu'elle implique, est évidemment irrecevable.

Il s'agit ici non du premier Lukacs, celui de *La Théorie du roman*, qui faisait de l'ironie, de la distance la caractéristique essentielle du genre, mais du deuxième, celui qui fonde ses analyses et ses jugements sur la catégorie de la totalité. Cette nouvelle « théorie du roman » est exposée de façon claire dans la préface de *Balzac et le Réalisme français*, écrite en 1951, et dans le même livre elle commande une analyse des *Illusions perdues* à laquelle je me référerai. Dans ce que Lukacs appelle le « grand réalisme », et qui est donc pour lui la seule forme acceptable de roman, celui-ci doit se trouver dans un rapport globalement positif avec la totalité, c'est-à-dire avec une vision de l'histoire qui à la fois contient et transcende les forces sociales à l'œuvre dans une époque donnée. Le romancier, le vrai romancier, non seulement adhère à son époque et en épouse les conflits essentiels, mais encore éclaire le présent et lui donne une dimension épique en y faisant jouer les grandes forces qui gouvernent le développement historique. Ce réalisme-là n'a donc rien à voir avec le réalisme du détail, de la « réalité moyenne », l'exactitude photographique ; il est avant tout donneur de sens, et le sens ne peut naître que de l'exaspération des contraires, des forces antagonistes. Il ne demande pas non plus le sacrifice de l'individuel au collectif : la « totalité mouvante et objective » dont parle Lukacs se situe à égale distance de l'objectivisme zolien et du subjectivisme, du psychologisme (je laisse parler Lukacs) flaubertiens. C'est à la jonction du collectif et du personnel qu'apparaît le « type », c'est-à-dire le personnage central, l'incarnation même du mouvement historique, qui représente fidèlement ce mouvement en même temps qu'il demeure une personne de plein droit, une individualité pleinement affirmée. Le « type » selon Lukacs se distingue fortement, par le lien tout intime qu'il a avec l'histoire, du « type » classique (celui de l'avare, du misanthrope, et cetera) qui, lui, est abstrait, relève d'une essence inchangeable. Le type, c'est « l'ensemble de l'évolution sociale [...] lié à l'ensemble d'un caractère » ; et pour marquer le plus fortement possible l'immersion nécessaire du personnage dans l'évolution historique, voire dans les aspects les plus sordides de l'histoire, Lukacs appliquera au Lucien de Rubempré des *Illusions perdues* et à ses pareils l'oxymoron « exploités prostitués ».

Cette nécessité de l'engagement total, qui n'est pas sans rappeler le Sartre des *Mains sales*, le critique hongrois ne l'impose pas seulement au « type », au personnage, mais aussi bien à l'ensemble de l'œuvre et à l'auteur lui-même — bien que celui-ci n'ait pas à en être pleinement conscient. Zola, malgré ses bonnes intentions, n'y est pas arrivé, parce que l'époque ne le permettait pas. Le grand roman réaliste ne peut être créé que dans une époque à son image pour ainsi dire, une époque de transition, déterminée par une évolution historique perceptible. « Toute grande époque, écrit Lukacs, est une époque de transition. » Ainsi le roman ne juge pas moins l'époque, que l'époque ne juge le roman. Nous avons vu, en lisant Roger Duhamel, que la critique de *Bonheur d'occasion* reconnaissait dans le roman une véritable époque de transition ; et que cette transition, chez Gabrielle Roy comme chez Balzac, était liée à l'apparition du réalisme. Or le réalisme est produit par la distribution des personnages sur l'axe de la transition, de la transformation, du progrès. Privé d'une telle organisation, comme il le deviendra dans l'adaptation cinématographique de Claude Fournier, *Bonheur d'occasion* ne sera plus qu'un mélodrame à faire pleurer Margot. Voyons donc comment cela se passe dans le texte.

À une extrémité du prisme, le personnage associé de la manière la plus exclusive à l'idée, au projet de transition est évidemment Jean Lévesque. Gabrielle Roy l'a fait orphelin pour que, sur la voie qu'il a choisie, il ne soit retenu par aucun lien de famille, aucun lien émotif. Jean Lévesque est orphelin *de tout passé* ; il n'existe — au prix de quelle mutilation — que par ce qui n'est pas encore, par ce qui vient. Il a si parfaitement intériorisé les valeurs nouvelles, celles de l'ambition, du succès, qu'il peut en jouir alors même qu'elles n'ont pas encore porté leurs fruits. Il est déjà parfaitement, avant toute réalisation, l'homme de la ville. Il en supporte la condition de solitude sans aucune difficulté : « Le véritable succès, écrit la romancière, il en connaissait déjà l'enivrement quand, retiré dans sa chambre comme dans un désert, il attaquait un difficile problème d'algèbre ou de géométrie. » Il est le citadin, c'est-à-dire l'individu par excellence : « On verrait alors qui c'était Jean Lévesque. » On ne saurait peindre un type plus pur de la civilisation urbaine, de la civilisation industrielle qui, non pas se crée, mais se consolide définitivement au Québec à la faveur de la guerre. À l'autre extrémité du prisme se trouve la touchante Rose-Anna, qui a souvent été considérée par la critique, surtout celle de la première vague, comme le personnage le plus vrai de *Bonheur d'occasion*. Rose-Anna est en ville comme n'y étant pas. Elle a été chassée du paradis — et le bref retour qu'elle fait à la campagne montre bien qu'elle n'y est plus reçue —, mais elle n'a pas trouvé d'autre lieu. Elle est celle qui, chaque printemps, se met en quête d'un abri pour les siens, dans cette ville étrangère où se perdent les valeurs mêmes qui la constituent, celles de la solidarité familiale, de l'infinie patience. Aussi bien, le lecteur n'est-il pas trop étonné quand, dans la scène fameuse où son mari Azarius se présente à elle dans son uniforme militaire, elle le découvre jeune, « si jeune qu'elle en fut troublée mortellement ». À ce moment, la révélation n'est pas tant celle de la jeunesse d'Azarius que de son extrême vieillesse à elle, Rose-Anna, avec sa fidélité, son amour, sa pitié venus du fond des âges se perdre dans la ville.

Jean Lévesque et Rose-Anna Lacasse occupent, dans *Bonheur d'occasion,* les places occupées, dans *Illusions perdues,* d'un côté par les journalistes amis de Lucien de Rubempré, journalistes plus ou moins véreux, en tout cas voués à l'ordre nouveau des affaires, et de l'autre par l'ami de Rubempré resté à Angoulême, l'imprimeur-inventeur David Séchard, âme noble, exempte des souillures du capitalisme sauvage, et qui sera bien sûr dépouillé par des concurrents mieux accordés aux exigences des temps nouveaux. Une autre position clé est occupée par le personnage d'Emmanuel Létourneau, le généreux bourgeois, l'humaniste en qui l'on a vu, non sans raison, le porte-parole de la romancière. Ses idées sur la misère du monde, l'espoir d'une fraternité universelle qui, au-delà des guerres, arracherait l'humanité à ses vieux démons, nous les lisons également dans le livre d'essais de Gabrielle Roy, *Fragiles lumières de la terre.* Emmanuel prononce dans *Bonheur d'occasion* un discours proprement socialiste, dont on s'étonne un peu qu'il ait passé sans trop de difficulté les barrières idéologiques de l'époque. « C'est l'argent qui nous tient tous au cirque derrière les barreaux, dit-il à Pitou. Les gars qui ont de l'argent, c'est eux autres qui décident si vous allez travailler, vous autres, oui ou non, selon que ça fait leur affaire ou bien qu'ils s'en fichent. » Et encore, plus explicitement : « L'argent, c'est pas la richesse. La richesse, c'est le travail, c'est nos têtes à nous autres, la grande masse. » C'est là, bien sûr, la pure doctrine de l'exploitation des masses. Mais la dernière phrase révèle la faille du personnage : quand il dit « nous autres, la grande masse », il s'arroge un privilège indu parce que, malgré son indubitable sincérité, il demeure séparé de la masse par sa sécurité petite-bourgeoise, il ne participe qu'abstraitement à l'aliénation qu'il dénonce. Ainsi Emmanuel Létourneau, porte-parole de Gabrielle Roy, est justiciable des mêmes observations que, dans *Illusions perdues,* l'écrivain d'Arthez, porte-parole de Balzac : ils témoignent d'un recours légitime à la tradition humaniste, mais ne sauraient prendre en charge les enjeux fondamentaux de la transition parce qu'ils ne la vivent pas intégralement.

Ni Jean Lévesque, ni Rose-Anna, ni Emmanuel Létourneau, ni Azarius Lacasse — l'ouvrier détruit par la disparition des métiers traditionnels — ne sont donc des types au sens de Lukacs ; on aura déjà conclu que ce rôle appartient à la seule Florentine, la frêle, jolie, un peu vulgaire, imprudente Florentine Lacasse. Citons le texte célèbre :

> Mais que cette ville l'appelait maintenant à travers Jean Lévesque ! À travers cet inconnu que les lumières lui paraissaient brillantes, la foule gaie, et le printemps, même, plus très loin, à la veille de faire reverdir les pauvres arbres de Saint-Henri ! [...] Jamais elle n'avait rencontré dans sa vie un être qui portât sur lui de tels signes de succès. Il pouvait bien, ce garçon, n'être qu'un mécanicien en ce moment, mais déjà elle ne doutait pas plus de sa réussite dans l'avenir, dans un avenir très rapproché même, que de la justesse de l'instinct qui lui conseillait de s'en faire un allié.

Cependant Florentine n'est pas Jean Lévesque et il suffit de la référence au printemps, à la nature, dans ce texte, pour mesurer la distance. Jean Lévesque est détaché de tout passé ; Florentine au contraire est encore tout engluée dans la famille, dans un système de valeurs qu'elle respecte et défie à la fois, ne sachant plus à quel saint ou à quel diable se vouer.

Les autres personnages du roman ont une position claire, sans équivoque ; elle seule porte en elle-même le mouvement, la transition, le mélange de l'ancien et du nouveau, la *faute* en somme. Elle émeut, certes, mais elle est trop calculatrice — par la force des choses, assurément — pour gagner l'entière sympathie du lecteur. Elle est bien l'exploitée-prostituée dont parle Lukacs : victime de l'évolution sociale mais entrant dans le mouvement, se prêtant au jeu qui attaque en elle toutes les valeurs authentiques. Seule, dans *Bonheur d'occasion*, Florentine entre en ville, dans la civilisation industrielle, capitaliste ; Jean Lévesque y est déjà et les autres, Rose-Anna, Azarius ou même Emmanuel, ne font que la subir. Il va sans dire qu'elle paie le prix de la transformation par une perte de valeurs, on oserait dire d'humanité, dont aucun autre personnage n'est victime à ce point.

Pour être un personnage type au sens lukacsien, pour satisfaire aux exigences à la fois esthétiques et sociales qu'impose une telle création, il manque toutefois quelque chose d'essentiel à Florentine Lacasse : le passage à l'extrême, aux extrêmes de la contradiction. Florentine est un personnage maigre, au double sens de l'adjectif; elle n'est pas une Lucienne de Rubempré, et il ne serait pas très utile d'attribuer cette différence à celle qui existe entre l'immense talent de Gabrielle Roy et le génie balzacien. Du point de vue qui nous occupe, c'est la situation qui commande, et l'apparition d'un personnage de grande taille dans le Montréal canadien-français des années 1940 aurait été un mensonge. Florentine commet le « péché de Québec » et arrange les choses à la québécoise, par l'accession aux valeurs figées, frileuses, de la petite-bourgeoisie nationaliste. Tout se passe à l'écart des grandes affaires, qui se règlent soit à Westmount où va mourir le petit Daniel, soit dans le vaste monde que les discours d'Azarius et d'Emmanuel évoquent dans ses formes les plus abstraites. Florentine ne pouvait pas être plus grande que son époque.

Observons également que le personnage type de *Bonheur d'occasion* est une femme, une jeune fille, et qu'il est inhabituel pour un personnage féminin de porter ainsi tout le poids de la transformation sociale. En fait, si l'on pense à la brève floraison du roman réaliste qui s'est produite au Québec avant et surtout après la Seconde Guerre mondiale — Ringuet, Lemelin, Germaine Guèvremont —, on constate que Florentine est le seul personnage à correspondre aux exigences redoutables de ce rôle. Négligeons, ici encore, la circonstance particulière, et notamment la projection de l'auteur dans ce personnage, que Micheline Cadieux a soulignée[1]. La question que je me pose au sujet de Florentine Lacasse est la suivante : que signifie pour une littérature, pour une culture le fait de confier à une jeune fille portant toutes les marques de la fragilité, le poids de sa transition historique vers la vie moderne, la ville ? La question est d'autant plus importante que le personnage de Florentine aura dans notre littérature des avatars de plus en plus affirmés, de plus en plus substantiels, de la Madeleine de *Poussière sur la ville* jusqu'à la femme-pays de la poésie des années 1960, mais dans des styles, des genres, des visions du monde qui ne seront plus ceux du « grand réalisme ». Peut-être ce personnage féminin ne pouvait-il s'épanouir, avec sa révolte, son furieux désir de vivre, qu'à l'écart des déterminismes sociaux par lesquels le personnage type est en grande partie façonné.

1. Micheline Cadieux, *La Dette et l'Écriture chez Gabrielle Roy*, mémoire de maîtrise, Université de Montréal, 1988.

Le temps du *Matou*

Soit — pour marquer une première distance, une première différence — deux incipit, deux amorces de romans.

Le premier est celui du *Nez qui voque* de Réjean Ducharme, roman paru en 1967, année fatidique comme on sait, celle de l'Exposition universelle de Montréal, du général de Gaulle et de son « Vive le Québec libre » :

> Le soir de la reddition de Bréda, Roger de la Tour de Babel, avocat au Châtelet, prit sa canne et s'en alla. En 1954, à Tracy, Maurice Duplessis, avocat au Châtelet, mourut d'hémorragie cérébrale ; célèbre et célibataire. J'ai seize ans et je suis un enfant de huit ans.

Le deuxième incipit, semblable au premier en ce qu'il pose d'entrée de jeu l'événement et la coïncidence, appartient au *Matou* d'Yves Beauchemin, dont il est à peine besoin de rappeler qu'il parut en 1981 et remporta le championnat toutes catégories du best-seller québécois :

> Vers huit heures un matin d'avril, Médéric Duchêne avançait d'un pas alerte le long de l'ancien dépôt postal « C » au coin

> des rues Sainte-Catherine et Plessis lorsqu'un des guillemets de bronze qui faisaient partie de l'inscription en haut de la façade quitta son rivet et lui tomba sur le crâne. On entendit un craquement qui rappelait le choc d'un œuf contre une assiette et monsieur Duchêne s'écroula sur le trottoir en faisant un clin d'œil des plus étranges.
> Florent Boissonneault, un jeune homme de vingt-six ans au regard frondeur, se trouvait près de lui quand survint l'accident. Sans perdre une seconde…

On voit aisément ce qui attise la curiosité du commentateur littéraire dans le premier texte. Pourquoi, au soir d'un événement historique comme la reddition de Bréda, consigner un événement aussi peu significatif que la sortie d'un quelconque avocat ? Pourquoi parler ici de Bréda, et quel sens attacher au nom évidemment fictif, symbolique, du personnage, Roger de la Tour de Babel ? Quel rapport imaginer entre son départ, canne à la main, et la mort du célibataire le plus célèbre de l'histoire québécoise, Maurice Duplessis — qui n'était pas, à ce que l'on sache, avocat au Châtelet ? Pourquoi ce mélange de faits historiques avérés et d'inventions manifestes ? Et ce passage abrupt, à la troisième phrase, de l'historique au personnel, à l'intime ? Autant de questions qui, avant même d'être développées, transformées en discours théorique, font entendre au commentateur qu'il se trouve en présence d'un récit critique, prenant ses distances devant la forme historique, personnelle et collective à la fois, qui marque la grande tradition romanesque du XIXe siècle, de Balzac à Stendhal, à Flaubert et à Zola. L'incipit du *Nez qui voque* exhibe ce modèle romanesque, mais caricaturé, défiguré ; il nous interdit de croire à ce qu'il raconte. Lisant ces quelques lignes, nous sommes arrêtés, interdits en effet, empêchés de nous abandonner confortablement au cours du récit.

L'incipit du *Matou,* par contre, nous invite à aller de

l'avant, il semble n'être là que pour nous faire croire déjà à ce qui va se passer. Le texte disparaît dans ce qu'il représente, et l'on ne songe pas, du moins pas immédiatement, à se demander si le contrat ainsi conclu entre récit et lecteur est frauduleux ou non. C'est que, dans ce genre d'affaires, nous avons nos habitudes. Combien de fois n'avons-nous pas lu, dans *Le Cousin Pons* ou ailleurs : « Vers trois heures de l'après-midi, dans le mois d'octobre de l'année 1844, un homme âgé d'une soixantaine d'années, mais à qui tout le monde eût donné plus que cet âge, allait le long du boulevard des Italiens, le nez à la piste, les lèvres papelardes... » On retrouve dans ce texte la plupart des procédés utilisés dans l'incipit du *Matou*, jusqu'à l'adjectif obligé — ici, les « lèvres papelardes », là un « pas alerte » et un « regard frondeur » — qui définit le personnage pour l'éternité. Parlera-t-on d'un retour au réalisme, au « bon vieux réalisme » ? Mais ce réalisme n'a guère à voir avec celui, par exemple, de *Bonheur d'occasion*, de *Trente arpents*, des *Plouffe*. Le lecteur, sans peut-être qu'il s'en rende compte expressément au premier contact, subit en lisant les premières lignes du *Matou* un *effet de copie* qui oriente sa lecture dans des voies assez différentes de celles qu'ouvre la créance balzacienne. Cet effet est double. D'une part, la mise en évidence des moyens traditionnels du réalisme — avec ce « clin d'œil des plus étranges » que le texte emprunte à Médéric Duchêne — marque, en même temps qu'une distance peut-être ironique, la volonté délibérée d'utiliser le modèle. D'autre part, la vétusté assez lourdement soulignée de ces moyens nous renvoie, non pas tant à l'univers balzacien lui-même, qu'à celui du roman populaire : *on n'écrit plus comme ça*, sauf dans ce que Pierre Bourdieu appelle le « champ de grande diffusion », par opposition au champ toujours rétrécissant de la littérature. Roublard à la deuxième puissance, *Le Matou* nous déclare donc qu'il sait fort bien ce qu'est la littérature : non pas la réalité même, mais un ensemble de conventions aisément repérables ; et, en même temps, il annonce qu'il va les mettre en œuvre, ces conventions, avec une absence totale de vergogne, *comme si c'était vrai.* Avec une habileté digne de Ratablavasky, il nous installe dans une ambiguïté dont, durant les six cents pages du roman, nous ne sortirons pas. Cette ambiguïté est d'ailleurs une des sources du plaisir que procure le roman : alors qu'on s'apprêterait à trouver les ficelles psychologiques et narratives du *Matou* un peu grosses, quelques réflexions sur l'œuvre de Gogol, l'emprunt du nom de l'abbé Jeunehomme à un concerto de Mozart et d'autres signaux culturels nous rappellent que nous sommes bien dans une œuvre de niveau littéraire ; par contre, ces signaux ne sont pas assez insistants pour troubler le plaisir qu'on éprouve à se laisser trimbaler d'événement en événement par un récit fort en gueule, capable de rivaliser sur leur propre terrain avec les téléromans les plus populaires.

Tel est le roman qui se dresse comme un promontoire à l'orée des années 1980. Toute la littérature de ces années ne lui ressemble pas, sans doute, car depuis les années 1970 la production littéraire au Québec est devenue à la fois plus abondante et (par conséquent) plus diverse, mais on peut imaginer qu'il contient à tout le moins quelques-uns des éléments clés de la fiction de cette période. La distance qui le sépare d'un roman comme *Le Nez qui voque* est, déjà, pleine d'enseignements. Tout, dans le roman de Réjean Ducharme, nous parle d'une crise, d'une séparation ; une très grande force de négativité le soulève, le traverse de bout en bout. L'incipit du *Matou,* au contraire, nous introduit dans une histoire ambiguë — aussi ambiguë que la question du Référendum, posée l'année précédente aux Québécois —, comme prête à toutes les négociations, à tous les arrangements. Le roman de Beauchemin se prépare à gagner sur tous les tableaux ; et il le fera assurément. Bien reçu par la critique de toutes nuances, du *Devoir* au *Canal dix,* il sera propulsé rapidement au rang des best-sellers. En fait, *Le Matou* inaugure au Québec l'ère des best-sellers autochtones : les littéraires, c'est-à-dire les romans de Michel Tremblay, de Francine Noël ; mais aussi ces énormes sagas sans fortes prétentions littéraires, celles d'Arlette Cousture ou de Francine Ouellette, qui depuis quelques années l'emportent même parfois, dans les listes publiées par les journaux, sur les grands titres internationaux.

Le temps du *Matou* devrait être un temps heureux. Ces gros livres pleins d'énergie, d'action, en prise directe sur la vie, sortant des limites de la consommation culturelle élitiste — je parle entre guillemets —, comment ne seraient-ils pas reçus avec reconnaissance, après tant de jérémiades sur la noirceur excessive de la littérature québécoise, son manque d'amour pour la vie ? Mais le contentement est loin d'être général, et les dissidences nous renseignent toujours plus exactement sur ce qui se passe que les expressions de béatitude. Je pourrais citer ici plusieurs textes, tous émanant d'observateurs respectés de l'évolution littéraire ; un seul suffira. Il est de François Ricard, et date de 1977 — les années 1980 commençant, bien sûr, avant 1980 ; et d'ailleurs plusieurs textes parus après 1980 reprendront l'essentiel de ses propos. La production littéraire québécoise, écrivait Ricard, est « comme inexistante, par son peu d'effet sur quoi que ce soit, par son inaptitude quasi totale non seulement à répondre à nos attentes mais même à susciter aucune attente que ce soit, à imposer de quelque manière sa nécessité[1] ». Il parlait, encore, d'une « coupure de plus en plus prononcée de la littérature québécoise actuelle par rapport à son propre milieu ». Le mot clé, dans ce texte, est celui de nécessité ; ce qui manque de plus en plus à notre littérature, selon Ricard, c'est la volonté et le pouvoir d'entrer avec son lecteur, conçu comme une

---

1. François Ricard, « Le problème posé », *Liberté,* « Divergences, la littérature québécoise par ses écrivains », n° 111, mai-juin 1977, p. 8-13.

collectivité, dans un mouvement historique orienté par des « attentes » assez nettement définies. Les circonstances extérieures, politiques particulièrement, ne sont pas étrangères à ce diagnostic. L'année précédente, en 1976, le Parti québécois accédait au pouvoir et il ne manquait pas d'analystes littéraires pour affirmer que, paradoxalement, cet événement politique, en donnant substance au projet nationaliste, privait la littérature de sa principale raison d'être, celle d'accélérer la marche du Québec vers l'Indépendance. Comment une littérature réduite désormais à n'être que littérature ne tomberait-elle pas dans l'insignifiance ? La défaite du « oui » au Référendum de 1980 inspirera des désenchantements — politiques et littéraires, d'un seul tenant — en sens contraire : comment écrire des choses nécessaires, entretenant un rapport de nécessité avec la vie de la collectivité, quand celle-ci, majoritairement, vient de désavouer ce que l'on considère comme son projet essentiel ? Ainsi, que l'évolution politique soit considérée comme heureuse (la victoire du P. Q.) ou malheureuse (la défaite du « oui »), la littérature serait mise hors circuit, ne recevant du climat général qui la nourrit que des incitations à l'évasion. Ce ne sont pas seulement les circonstances qui jettent ainsi de l'ombre sur la littérature ; les œuvres elles-mêmes manifestent une différence, que j'essayais de décrire plus haut par l'observation comparée des incipit du *Nez qui voque* et du *Matou*. La littérature qui a un caractère de « nécessité », pour reprendre le mot de François Ricard, est celle qui porte à l'évidence, par sa forme même, une crise, une rupture, une sorte de malaise créateur inspiré par la lucidité. N'est-ce pas là ce que nous lisons, non seulement chez Ducharme, mais aussi bien chez Marie-Claire Blais, celle d'*Une saison dans la vie d'Emmanuel*, chez Jacques Godbout, Jean Basile, Hubert Aquin, Victor-Lévy Beaulieu et tant d'autres ? L'idée de crise, ou de passage critique, définit le Québec moderne, en ce qu'elle définit à la fois le Québec de la Révolution tranquille et la modernité même. Le Québec existe, progresse, est *réel,* s'il est en crise, en situation critique, et n'existe que par là. Ainsi, la négativité se transforme d'un coup sec en positivité, crise et critique devenant des critères d'existence, et la dispersion moderne, paradoxalement, nourrit une identité nationale.

C'est cela qui disparaît ou semble disparaître au tournant des années 1980 ; et quelques années plus tard, au grand plaisir de ceux qui demandent à la littérature du bonheur et de la santé sans questions — vision éminemment déprimante à mes yeux —, mais au grand déplaisir de ceux qui lui attribuent une fonction expressément critique, le roman d'Yves Beauchemin signifiera, de toute sa masse imposante, qu'un changement se produit. Impossible en effet de greffer sur *Le Matou* les préoccupations, les attentes qui s'investissaient tout naturellement dans le roman de la Révolution tranquille. Un survol rapide des valeurs découvertes par la critique dans le roman, telles qu'elles ont été recensées par Frances Summers, le montre bien : plaisir, santé, bonheur, réalisme, bonne humeur, goût de réussir, rien de tout cela ne peut nourrir des aspirations collectives, d'autant que Frances Summers conclut l'inventaire par la formule suivante : « Le peu de commentaires sur le sens du roman semble indiquer un paradoxe : on apprécie le roman parce qu'il n'a pas de signification profonde[2]. » Un roman parfaitement anodin, en somme ; pas de quoi fouetter un chat. Faut-il s'arrêter là ? Les ambiguïtés que nous avons décelées dans *Le Matou* nous invitent, me semble-t-il, à l'interroger plus avant sur les rapports qu'il entretient avec son temps, sur ce qu'il dit, obliquement, de façon littéraire, de son temps. Ce discours, d'ailleurs, il ne le tient pas seul, il ne peut pas le tenir seul, et c'est pourquoi nous le ferons accompagner de quatre autres

---

2. Frances J. Summers, « La réception critique du *Matou* », *Voix et Images,* printemps 1987, p. 389.

romans que l'on peut d'entrée de jeu recevoir comme représentatifs des années 1980 : *La Duchesse et le Roturier* (1982) de Michel Tremblay, *Myriam première* (1987) de Francine Noël, *La Vie en prose* (1980) de Yolande Villemaire et *Volkswagen Blues* (1984) de Jacques Poulin. Ce sont là des œuvres très différentes les unes des autres, mais si je postule que tous les textes littéraires d'une époque sont en rapport — un rapport médiatisé assurément — avec ce qu'on appelle aujourd'hui le texte ou le discours social, c'est-à-dire l'ensemble des présupposés qui fonde les discours particuliers dans leur diversité même, je puis leur reconnaître une certaine parenté.

C'est dans *Le Matou,* le succès du roman en témoigne, que sont répercutés de la façon la plus visible, avec une sorte d'impudeur même, les traits idéologiques ou les valeurs qui distinguent la décennie 1980 des précédentes. Florent, le personnage central du roman, est un ambitieux, qui « aime bien l'argent », remplit plusieurs pages de calculs de frais, pense rentabilité, ce qui ne s'était pas vu souvent dans le roman québécois, et travaille comme une bête de somme pour assurer la réussite de son entreprise :

> Florent se levait à cinq heures et se couchait tard dans la nuit. Pâli de fatigue, il apprenait lentement son métier et maigrissait. On le voyait partout à la fois : à la caisse, au comptoir, à la cuisine, au téléphone, avec les fournisseurs…

Il est le type achevé de l'entrepreneur, auquel ne manque même pas le zeste de malhonnêteté occasionnelle. Avec la même détermination toujours, il se lance dans la restauration puis, en Floride, s'intéresse à la fabrication des parfums, dirige de façon remarquable la rénovation d'un vieil hôtel pour sa tante Jeunehomme, de retour au Québec fait un malheur dans l'achat et la vente de vieux meubles et, pour finir, cède de nouveau à sa passion première, le restaurant type « binerie ». Florent n'est pas un personnage très sympathique, ni coloré ni chaleureux, mais c'est qu'il n'a pas à l'être, puisqu'il représente le succès toujours possible ; dans un roman, seul l'échec attire la sympathie, celui qui naît à l'intérieur du personnage, de ses propres pulsions. Florent est l'entrepreneur, le personnage Provigo, presque entièrement dévoré par l'idée de la réussite, l'action, celui qui prend des risques, l'homme de la PME et du RÉA, aussi efficace et aussi gris qu'un ministre du gouvernement Bourassa, radicalement éloigné de tout extrême, et d'abord dans ses ambitions. « J'aime bien l'argent, mais j'aime aussi la vie de famille », dit-il, et l'on appréciera les petites attentions qu'il a pour sa femme Élise, la compassion qu'il éprouve pour le pathétique enfant qu'est Monsieur Émile. Il se laissera gagner de plus en plus, à la fin, par une « ambition sèche et nerveuse », mais il n'a évidemment pas l'étoffe des capitaines d'industrie ou des géants du commerce : ni leurs grandes vertus ni leurs grands vices. On imagine sans peine le mépris que lui vouerait un personnage de Victor-Lévy Beaulieu qui, lui, ne rêve que de grandeur, soit dans l'abjection, soit dans la splendeur du verbe.

Ce que peut en revanche Florent, et que ne peut ou peut à peine un personnage de Beaulieu, c'est agir ; non pas dans quelque aura fantasmatique, mais dans le cours ordinaire des possibilités, susciter des événements, réagir à ceux qui se présentent. En fait, le personnage de Beauchemin est moins à proprement parler un ambitieux, au sens balzacien ou américain, qu'un homme d'action, ne vivant que d'action, bougeant sans cesse et ne pouvant souffrir l'immobilité, à l'image du récit même qui le porte, et c'est en cela qu'au-delà de son image néolibérale, au-delà du genre picaresque qui lui dicte la plupart de ses mouvements, il présente des affinités avec les autres romans du corpus : il est le modèle parfait d'une action autotélique, presque uniquement occupée d'elle-même. Quand Florent parle de « galoper après les gros sous », l'accent porte sur le verbe plutôt que sur le complément ; et l'on notera que les thèmes habituellement associés à l'ascension économique, notamment celui du pouvoir, de la domination, sont absents du roman de Beauchemin, ou plutôt refoulés du côté du sinistre Ratablavasky, dont nous aurons à reparler. Florent galope pour galoper, il vit d'action, il vit de la vie même de l'action. Et c'est également ce que font, dans un monde en apparence tout à fait différent, au point qu'il semble scandaleux de les rapprocher l'un de l'autre, les personnages du roman de Yolande Villemaire, *La Vie en prose.* Nulle part ailleurs on n'est plus mobile que dans ce dernier roman. Au moindre prétexte, on quitte le quartier Saint-Denis, centre des opérations, pour New York, la Californie, la France, l'Afrique du Nord, l'Italie, le Mexique, et je crois me souvenir qu'il est question quelque part de balades au Brésil, en Égypte et dans quelque autre planète. Pour être un personnage de Yolande Villemaire, il faut : être femme ; ne pas manquer d'énergie ; être prête à changer sans cesse de lieu et d'identité. Mais c'est dans les textes surtout, on le sait, que la romancière organise les voyages les plus étourdissants. Formulons la chose autrement : c'est dans la traversée ou la dévoration des textes que se situe l'action véritable de *La Vie en prose.* Ainsi, d'un même mouvement, on voyage dans l'espace géographique et dans l'espace textuel, dans la vie et dans la prose, avec une énergie inlassable, et ce mouvement semble être sans fin, aux deux sens du mot : il est infini, rien ne peut l'arrêter qu'un impossible épuisement ; et s'il est infini, c'est qu'aucune fin, aucun but ne lui est assigné, sauf sa propre exaltation.

Il n'est donc pas interdit de faire entrer Florent Boissonneault et Vava, malgré tout ce qui les sépare par ailleurs, dans la catégorie des *héros positifs* (qu'on pense, par opposition, au Jean-Le Maigre de Marie-Claire Blais, à la Bérénice de Réjean Ducharme, au cher Abel Beauchemin de Victor-Lévy Beaulieu). Dans cette catégorie du positif, de l'actif, ils seront rejoints par les trois femmes de *Myriam première,* le roman de Francine Noël : Marité l'avocate, mère de deux enfants,

Marie-Lyre Flouée la comédienne, Maryse la conteuse et l'auteur dramatique. Elles rêvent, sans doute, les trois femmes, elles méditent et s'interrogent sur leurs sentiments, la conduite de leur existence ; elles ont même, conjointement ou presque, une crise de vague-à-l'âme qui est la ligne de faîte événementielle du roman. Mais si l'on cherche ce qui les distingue de leurs consœurs des décennies précédentes, on remarquera avant tout une sorte de propension naturelle à l'action, à la création, voire à la réussite. Au contraire des personnages du *Matou*, elles ont des complications intérieures, mais comme eux, elles semblent ne s'accomplir vraiment que dans la vie extérieure, voire dans l'extrême de l'extérieur qui est le spectaculaire. On pensera au théâtre de la Sultane de Cobalt, où une pièce de Maryse est en répétition, dans laquelle Marie-Lyre joue un des rôles principaux ; on pensera surtout à « L'impromptu de la ruelle Boisbriand », ballet brillamment improvisé — ballet de mots autant que de gestes — où les comédiens et les artisans du théâtre de la Sultane repoussent une intrusion de personnages contestataires. Les deux autres lieux privilégiés du roman, bien qu'ils ne soient pas voués au théâtre proprement dit, ne sont pas moins associés au spectaculaire, dans la mesure où ils constituent des décors qui imposent aux personnages des comportements en quelque sorte ritualisés. Le premier est le bar du Diable vert, un bar imaginaire où les enfants, Myriam, son frère Gabriel et les autres, vont vivre leurs émotions, leurs conflits sur un mode plus spectaculaire que ce que leur permet la vie quotidienne. L'autre est celui qui accueille le lecteur au tout début du roman, le jardin de Marité et de son compagnon François, rue Mentana, le jardin d'Éden peut-être, l'unique décor, infiniment aimable, dans lequel les trois générations, grands-mères, parents, célibataires, adultes et enfants peuvent être réunis, transformant les relations familiales classiques en une générale amitié, une égalité parfaite. Dans ce jardin, comme au théâtre de la Sultane et au bar du Diable vert, tout est dehors, les apparences sont la vérité même. D'autre part, du côté du temps, le *look*, la mode — aussi bien celle des vêtements, du maquillage que celle des expressions langagières caractéristiques d'une époque, d'une période ou d'une année — signifie une adhésion alerte, à peine teintée d'ironie parfois, à ce qui se passe, à ce qui passe. Je n'exclus pas de ce tableau de mode l'embarquement final de Maryse non pour Cythère mais pour l'Amérique du Sud, continent des grandes causes du moment…

La primauté accordée à ce qui se passe, à ce qui est à la mode, au spectaculaire, au dehors, aussi notable dans *La Vie en prose* que dans *Myriam première,* se retrouve très évidemment dans le troisième tome des *Chroniques du Plateau Mont-Royal* de Michel Tremblay, *La Duchesse et le Roturier.* L'action principale de ce roman n'est constituée que par les déplacements d'Édouard, la future Duchesse de Langeais, du Théâtre National à un club de bas étage, le Palace, de l'Arcade, où les célèbres sœurs Giroux jouent un répertoire un peu plus relevé, au récital de Tino Rossi au Plateau et à la réception qui suit au Ritz Carlton, enfin, à la chambre de Betty Bird où Édouard se donne véritablement en spectacle devant une courtisane à la retraite. La métaphore théâtrale, dans ce roman, joue à fond, non seulement dans les théâtres et les clubs où, d'ailleurs, le spectacle ne se donne pas moins parmi les spectateurs que sur scène, mais aussi dans la rue où une tempête de neige crée un suspense quasi théâtral, voire dans l'intimité de la maison familiale où la « grosse femme » — vous savez, celle qui était enceinte deux romans plus tôt — vit plus intensément de ce qu'elle entend à la radio que de la présence des siens. Le théâtre est un monde, et le monde est un théâtre. On pensera si l'on veut au baroque, à ses jeux d'apparences, mais ce n'est pas là une voie que j'entends explorer ici, non plus que celle du postmoderne, dont on aura peut-être noté qu'elle a été croisée à quelques reprises. Ce qui me retient plutôt, c'est la possibilité qu'offre le théâtre aux personnages de Tremblay de *croire à demi* ; de se donner un aliment de croyance assez substantiel sans aller jusqu'à l'assimilation complète. Le théâtre ne remplace pas le monde, l'imaginaire ne l'emporte pas sur le réel : il *donne du jeu*. Sauf chez l'enfant tragique, Marcel, qui croit dur comme fer à la réalité du chat-fantôme Duplessis, et rétorque à la « grosse femme » qui doute de son existence : « Duplessis, y dit qu'y existe. Pis j'le crois. C'est peut-être vous qui existez pas ! » Mais Marcel, dans *La Duchesse et le Roturier*, demeure un personnage marginal, au sens fort, une inquiétante possibilité de confusion que le récit en même temps reconnaît et contient.

Le personnage du *Volkswagen Blues* de Jacques Poulin, surnommé Jack Waterman, a certes moins de vitalité conquérante qu'Édouard, Vava, Florent Boissonneault et les trois amies de Francine Noël. Dans les romans précédents de l'auteur, d'ailleurs, on l'avait vu, ce même personnage, sous des déguisements divers, confondre méthodiquement le rêve et l'état de veille, l'imaginaire et le concret. Mais voilà justement ce qui le distingue de ses incarnations précédentes : Jack Waterman agit, il sort du cocon protecteur du Vieux-Québec pour traverser toute l'Amérique en diagonale, de Gaspé à San Francisco, à la recherche de son frère. Il est, tout au long, d'une efficacité remarquable, ne déviant jamais du parcours obligé, ne perdant pas de vue l'objet de sa quête, pourvoyant à l'entretien du très ancien véhicule dans lequel il voyage — avec l'aide, il faut le dire, d'une Sauterelle amérindienne experte en mécanique. Son échec à faire l'amour avec sa compagne nous rappellera, alors que nous allions peut-être l'oublier, que Jack Waterman est bien un personnage de Jacques Poulin ; mais en vivant les valeurs d'amitié plutôt que celles de la passion, il ressemble en fait à presque tous ses collègues romanesques des années 1980. La grande passion à l'occidentale a partie liée avec l'absolu, avec la mort, comme l'a montré Denis de Rougemont à partir de *Tristan et Iseult*. Or ici, dans *Volkswagen Blues* et dans les quatre autres romans que nous lisons, on n'est pas sous l'emprise de la fin, de l'absolu, mais dans l'ordre du compagnonnage, de l'accompagnement. À cet égard, la réaction ou peut-être l'absence de réaction de Jack Waterman, lorsqu'il découvre à San Francisco son frère paralysé, à peine conscient, est significative : il s'en revient au pays, sans faire de drame. S'il n'est pas plus profondément touché par la destruction de l'objet même de sa quête, c'est que celui-ci, en réalité, s'était complètement confondu avec la quête elle-même, que Jack avait déjà retrouvé son frère dans et par le voyage, c'est-à-dire la pure énergie de l'aventure.

* * *

Ainsi donc, il me paraît que le roman québécois des années 1980 crée un nouveau personnage, un nouveau type romanesque, qui se révèle avant tout par une façon particulière de vivre l'action. Essayons de la cerner avec un peu plus de précision :

a) L'action de nos cinq romans se produit dans un espace dilaté, sans frontières ou très minces, qui de lui-même en quelque sorte invite au passage, au déplacement. Peu importe que nous restions à Montréal (*Myriam* et *La Duchesse*) ou que s'ouvrent à nous le continent nord-américain (*Le Matou*, *Volkswagen Blues*), le monde entier (*La Vie en prose*), ce n'est pas l'ampleur de l'espace géographique qui importe mais la mobilité qui, à l'intérieur de tous ces espaces, dessine des parcours en principe infinis.

b) Quant au temps, il participe également de l'infini dans la mesure où il n'est pas compté, découpé en fonction d'un objectif à atteindre, mais vécu pour lui-même dans des instants privilégiés. D'une part, le « spectaculaire » arrête, fige, glorifie le temps présent ; d'autre part, l'importance accordée au *look*, à la mode, à la datation, à la période, fait du temps une pure succession de moments qui n'a évidemment rien à voir avec ce qu'on appelle un mouvement historique.

c) Enfin, dans cet espace livré à la mobilité, dans ce temps dégagé du devoir de l'orientation, l'action se déploie comme activité vitale, jeu, fête parfois. C'est par là qu'elle se distingue le plus clairement des actions romanesques de la Révolution tranquille, où il entrait une part considérable de jeu, certes — qu'on pense à Ducharme, à la Marie-Claire Blais d'*Une saison*, à Jean Basile, à Jacques Godbout —, mais d'un jeu tendu, acharné parfois même, presque toujours en polémique avec un autre discours, de forme historique celui-là. Cette structure d'opposition disparaît dans le roman des années 1980, où ne restent plus que des bribes des sentiments de responsabilité historique entretenus par ses prédécesseurs. Les indices les plus clairs de la modification nous seront donnés par la façon dont nos romans traitent le thème du religieux ou du sacré, et celui du livre.

Il y a dans ces romans — puisque, semble-t-il, on ne peut l'éviter, puisque la seule réalité immédiate n'épuise pas les significations — des signes du sacré, de l'autre monde ; mais ils seront choisis aussi loin que possible de la tradition clérico-nationale du Québec, importés des horizons les plus divers avec toutes les indications d'origine. Ainsi les karmas, les mantras, les mudras qui parcourent le roman de Yolande Villemaire, « le signe de Ptah », le « *training* bouddhiste », tout un bric-à-brac religieux venu d'Orient, avec départ prochain pour les espaces intersidéraux. Chez Francine Noël, on ne va pas chercher aussi loin des images du surnaturel ; les anges et les démons, dans *Myriam première*, viennent tout droit de la fabrique de Jacques Ferron, des diables plutôt sympathiques, pleins d'aimable malice, par exemple le patron du bar du Diable vert ou, encore mieux, « Fred l'esprit mauvais », qui joue tantôt le rôle du conseiller psychologique, tantôt celui du critique littéraire. Michel Tremblay, amateur d'opéra, demande à Wagner de lui prêter ses Nornes, les tricoteuses du destin, qui sous les noms bien québécois de Rose, Violette et Mauve, avec leur mère Florence, donneront une profondeur mythique aux événements du Plateau Mont-Royal. Dans *Volkswagen Blues*, on se référera à une mythologie générale, universelle. « Que les dieux vous protègent ! » dit la Sauterelle à Jack Waterman au moment de leur séparation, à San Francisco, et le roman de conclure : « Il agita la main jusqu'à ce que le Volks eût disparu, et lorsqu'il entra tout seul dans l'aérogare, il souriait malgré tout à la pensée qu'il y avait, quelque part dans l'immensité de l'Amérique, un lieu secret où les dieux des Indiens et les autres dieux étaient rassemblés et tenaient conseil dans le but de veiller sur lui et d'éclairer sa route. »

Mais c'est le Ratablavasky du *Matou* qui, parmi tous ces représentants du destin, de l'autre monde, des forces mystérieuses de l'au-delà, est la figure la plus étonnante. Il sort, lui, du magasin des accessoires, Méphistophélès un peu mité ou Juif errant non repentant, Ahasverus ironique venu non pas de l'Orient comme le premier, mais des profondeurs mystérieuses de l'Europe. Il fut peut-être moine en France, s'appelle peut-être Ernest Robichaud et habite certainement un édifice presque historique du Vieux-Montréal, l'hôtel Nelson, ce qui l'enracine, si l'on peut dire, dans le sol québécois le plus authentique. Il est moins un locataire qu'un produit, ou l'esprit même de l'hôtel Nelson. D'ailleurs, est-il bon ou méchant, Egon Ratablavasky ? Il n'est pas aussi facile d'en décider que l'ont pensé certains commentateurs. Il ressemble au destin, en ce sens qu'il fait pleuvoir sur les humains malheur et bonheur, chance et malchance, par une sorte de caprice souverain dont les raisons échappent aux simples mortels que nous sommes. Il semble persécuter Florent ; mais c'est bien lui qui l'a lancé dans la carrière, et le jeune homme deviendrait un insignifiant petit-bourgeois, un personnage sans intérêt, si Ratablavasky ne le relançait constamment. En fait, celui-ci est inquiétant comme la nature même, comme le monde, comme le hasard, comme ce qui arrive sans qu'on l'ait appelé, provoqué. Il n'y a guère de différence entre ce qui tombe sur la tête de Médéric Duchêne, au début du roman, et les interventions de Ratablavasky.

Jamais les signes du sacré, du religieux n'ont été aussi nombreux, aussi divers dans le roman québécois que durant les années 1980 ; mais ils sont désorientés, ils échappent à toute orientation religieuse exclusive, à prétention « salvifique », ils deviennent comme une atmosphère générale, une caisse de résonance où se répercutent et s'amplifient les actions ordinaires de l'existence. Le livre, figure laïque ou laïcisée du sacré — et l'un des objets-fétiches de la Révolution tranquille : « Qui s'instruit s'enrichit » — subit un sort semblable. Quel est, dans *Volkswagen Blues*, le livre le plus important, le livre essentiel ? Non pas quelque ouvrage de haute littérature, mais bien *The Oregon Trail Revisited*, de Gregory M. Franzwa. Le livre est partout dans nos romans, mais non privilégié ; utilisable, jetable, comme tout objet de consommation. Voyez même ce qui arrive aux livres pourtant prestigieux qui sont évoqués dans *La Vie en prose* : dévorés sans autre forme de procès. Étonnamment, c'est dans *Le Matou*, c'est-à-dire dans le roman le plus réaliste, le plus terre à terre de notre corpus, qu'ils ont le statut le plus élevé. Allons immédiatement à l'essentiel, au livre par excellence, celui que Ratablavasky aurait écrit (on ne peut parler de Ratablavasky ancien qu'au conditionnel), dont Florent s'est emparé avec l'aide de l'abbé Jeunehomme, et que le vieux sorcier est prêt à racheter à n'importe quel prix. Voilà certes un livre qui a du poids, de l'importance, qui ne semble pas jetable comme tant d'autres. « Tout est dans le livre », dira l'abbé Jeunehomme. Mais ce livre, s'il n'est pas jetable, n'est pas non plus *ouvrable*, lisible ; il n'est qu'un objet obtus, pourvu d'une puissance magique dans la mesure même où il ne se laisse pas lire, aussi vieillot, aussi désuet, aussi inquiétant que le personnage même de Ratablavasky. Le livre est donc ici un signe à la fois puissant et vide. Il l'est non seulement pour Florent, mais aussi pour l'intellectuel de service, le liseur en titre du roman, l'abbé Jeunehomme, dont les recherches ridicules pour retrouver les cendres d'un ouvrage de Gogol, les banquets dont il compose les menus à partir de romans célèbres, font également du livre un véritable fétiche. « Le livre a fait ma fortune, dit Madame-Mère Jeunehomme, qui est venue en Floride investir les énormes profits venus de la vente de livres de piété, mais il a empoisonné ma vie. » Le livre qui fait la fortune n'est pas, cependant, celui qui empoisonne. Le premier est le livre utile, le livre-ustensile, éminemment recevable dans le monde de l'« entrepreneurship » qui est celui du *Matou* ; le deuxième, livre en tant que livre, extrait du circuit de la communication utilitaire, devient pur pouvoir et pouvoir ambigu, arme à double tranchant, magie blanche et magie noire, produisant des ravages semblables à ceux que provoque Ratablavasky lui-même.

Il convient, assurément, que le représentant de cette culture aveugle soit un prêtre en quelque sorte désaffecté, l'abbé Jeunehomme. L'évidement du livre confirme la banalisation du sacré, et tous deux ne peuvent signifier que le recul de l'horizon de sens, au profit du ludique. Il va sans dire qu'un tel recul ne peut être perçu, en première analyse, que comme une perte de la valeur même, de toute valeur. C'est ce qu'exprimait l'ancienne directrice de *La Vie en rose*, Francine Pelletier, dans un article de la *Gazette*[3] de Montréal où elle reprochait à Francine Noël — le reproche pourrait s'adresser également à d'autres romanciers de notre corpus — de verser dans le charme et la facilité au lieu de marquer au fer rouge l'individualisme et la désillusion qui régnaient dans le Québec des années 1980. Comment croire en effet qu'il puisse se trouver des valeurs, des valeurs authentiques dans un lieu idéologique qui ne serait pas celui de l'histoire conçue

---

3. Francine Pelletier, « Fairy Tale for the 80's », *The Gazette*, Montréal, March 5th, 1988.

comme un progrès infini, celui des intérêts communs ? Sur le plan socioéconomique, le modèle auquel se réfère le roman dont nous parlons est évidemment celui du néolibéralisme, promoteur de la libre entreprise, de l'affirmation individualiste, de la productivité, et l'on comprend que Francine Pelletier se désole de le voir reproduit dans les œuvres. Mais, par rapport à ce modèle comme par rapport à ceux qui l'ont précédé, le roman ne se contente pas de reproduire, et peut-être fait-il tout autre chose que reproduire : il décante, il transforme, il déporte vers le jeu, la gratuité du jeu ce qui, dans l'économique, reste lié au désir de profit, d'accumulation. Les valeurs romanesques sont et ne sont pas celles du néolibéralisme dont le roman démarque les discours. Dégageons-en quelques-unes, à titre d'hypothèses plutôt que de constats fermes, sans trop nous soucier de les associer l'une à l'autre dans une structure commune :

a) l'action même, la pure énergie de l'action, en tant que liberté, risque, aventure ;

b) la présence au monde dans ses manifestations les plus éclatantes, les plus vives, ponctuelles (le *look*) : le réel se découpant dans l'espace et dans le temps avec une netteté qui exclut les longs regrets et les lancinants espoirs ;

c) la convivialité, c'est-à-dire le souci, la conscience ou plus justement le plaisir de l'autre, de son individualité, de son visage particulier, dans un vivre-ensemble égalitaire opposé à toute forme de puissance (devant Ratablavasky, figure parfaite d'une telle puissance, tous les personnages du *Matou* sont égaux) ;

d) enfin, la culture d'un sacré protéiforme qui porte à la fois le désir de l'universel et la transfiguration du quotidien, de l'ordinaire.

Ces valeurs sont ambiguës, bien entendu ; gain d'un côté, perte de l'autre, c'est selon. Mais de toute manière on ne saurait parler d'un retour au réalisme et à ses valeurs, ambition, concurrence, quête du pouvoir, de la maîtrise, comme on l'a fait à plus d'une reprise à propos du *Matou*. Je reviens au début du roman, à son incipit, et je remarque une petite chose qui m'avait échappé à la lecture précédente. Qui a tué, qu'est-ce qui a tué Médéric Duchêne ? Je lis : « Un des guillemets de bronze qui faisaient partie de l'inscription en haut de la façade quitta son rivet et lui tomba sur le crâne. » Voilà donc le titre du roman policier ou fantastique par lequel je terminerai : *Le Guillemet qui tue*. Le guillemet, c'est la citation, une phrase ou un segment de phrase prélevé ailleurs et que le texte installe chez lui en prenant soin de marquer qu'il ne lui appartient pas, qu'il n'est pas assimilé. Qu'en est-il ici ? La victime du meurtre, Médéric Duchêne, n'est pas à proprement parler un personnage du roman. Il se trouve par hasard au coin des rues Sainte-Catherine et Plessis, il reçoit le guillemet sur la tête et disparaît sans laisser aucune trace, aucun souvenir dans le roman. Ce qui est tué sous le nom de Médéric Duchêne, de cette personne implicitement désignée comme non fictive, c'est donc ce qu'on appelle le réel, par contraste avec la fiction dont tous les éléments, et tous les personnages au premier chef, doivent être motivés. Dans le roman de Beauchemin, le guillemet, la citation tue le réel comme totalité ; ou, si l'on veut, le déclare inassimilé, inassimilable, accessible uniquement par la citation, en phrases détachées. Dieu sait qu'on nous en donne, du réel bien *cru* (au double sens de l'adjectif), dans nos cinq romans : c'est la « binerie » du *Matou*, plus vraie que nature ; c'est, dans *La Duchesse et le Roturier*, la galerie bien peuplée de personnes réelles, de La Poune à Giscard d'Estaing ; dans *Volkswagen Blues*, Jack Waterman cherchant ses livres — ceux de Jacques Poulin — dans une librairie de Québec ; dans *La Vie en prose*, les restaurants de la rue Saint-Denis, le congrès de sémiologie d'Urbino ; dans *Myriam première*, Mimi d'Estée, la loi 101 ou la rue Mentana. Du réel, donc, ou mieux des tranches de réel, au bout du compte étrangement déréalisées par leur évidence même, leur caractère très évidemment partiel. En citant ainsi le réel, le roman fait une double opération : d'une part, il le confisque à son profit, mais de l'autre, il le place entre guillemets, il le déclare inaccessible, inéluctablement pluriel, à jamais incomplet. Seul Egon Ratablavasky semble avoir prise sur l'ensemble et on ne sait pas, on ne sait vraiment pas qui est Egon Ratablavasky, ni ce qu'il sait.

Post-scriptum

Il aurait fallu que je parle des chats. Il y en a un, non seulement dans *Le Matou,* mais également dans chacun des quatre autres romans : la chatte de la narratrice de *La Vie en prose,* confidente parfaite ; le Chop Suey malicieux de *Volkswagen Blues* ; le chat-fantôme Duplessis dans *La Duchesse et le Roturier* ; la chatte Mélibée Marcotte (aucun lien de parenté avec l'auteur de ces lignes), qui fait une mort si digne dans *Myriam première.* Un chat, pas plus que le réel, ça ne se laisse posséder ; c'est un animal mystérieux, sacré peut-être, comme l'a dit Baudelaire, mais en même temps familier, le plus familier de tous les animaux ; c'est soyeux, agile, élégant comme la prose de Jacques Poulin et de Francine Noël.

Le chat, même de gouttière, n'a aucun rapport avec le réalisme. Il abandonne cela, avec un rien de mépris, à son ennemi héréditaire. Voir le rôle dévolu au chien par André Major, un de nos seuls romanciers réalistes, dans *L'Hiver au cœur* (1987) ; et l'emploi du mot, comme injure mais également comme signe de reconnaissance, dans *Le Cassé* de Jacques Renaud (1964).

L'œil du corbeau

« Personne n'est chez soi. »
EMMANUEL LEVINAS

Il se pourrait que ce soit le plus grand roman jamais écrit au Canada, toutes ethnies confondues. L'affirmation est imprudente, je le sais. Je n'ai pas tout lu. Et *L'Avalée des avalés* ? Un grand livre, plutôt qu'un grand roman. Et les nombreux romans du Torontois Robertson Davies, si intelligents, si colorés, si pleins de pensée et d'invention, qui auraient peut-être dû valoir au Canada son premier prix Nobel ? Ils manquent un peu, comment dire, de vulgarité.

Celle-ci est, chez Mordecai Richler — oui, il s'agit de *Solomon Gursky Was Here*[1] —, puissante, polymorphe, grandiose par moments. Riche ou pauvre, protestant ou mormon, juif ou goy, on sacre, là-dedans, comme d'authentiques charretiers. On ne fait pas l'amour, on fornique. On trompe son prochain de toutes les manières imaginables. Et la religion,

---

1. Mordecai Richler, *Solomon Gursky Was Here*, Penguin Books, 1990. Les citations renvoient à la traduction française de Philippe Loubat-Delranc (Calmann-Lévy, 1992).

mon dieu, ne m'en parlez pas. C'est la juive assurément qui reçoit la plupart des coups, mais on sent bien qu'elle représente toutes les religions, tous les clergés, toutes les croyances. Bernard Gursky, le tsar de la famille, se trouve sur son lit de mort. On lui demande s'il veut faire sa paix avec Dieu. Tu parles d'un sujet à aborder dans un moment pareil ! s'écrie-t-il, sincèrement indigné. La farce, la charge est d'autant plus scandaleuse, n'est-ce pas, qu'on ne peut s'empêcher de noter quelques motifs de cousinage entre les Gursky, riches à milliards dont la fortune s'est créée dans la contrebande d'alcool, et certaine grande famille de la métropole. Rire des riches, se dit-on, c'est de bonne guerre. Rira-t-on autant quand on verra que le romancier utilise quelques traits du poète A. M. Klein pour peindre un écrivain juif montréalais un peu miteux, à la réputation très évidemment surfaite ? Aucune gloire, aucune réputation n'est assez solide pour résister aux sarcasmes de Mordecai Richler. Son *alter ego*, dans le roman, est un journaliste assez minable, fils du poète plus haut nommé, plus souvent saoul qu'autrement, écrivain raté. Instruit, cultivé, il dit *fuck* aussi souvent que les autres.

Cette vulgarité est nécessaire. C'est elle qui fournit au roman, à l'action, aux personnages l'énergie qui les fait se propulser aux quatre coins du monde, celui du XIXe siècle et celui du nôtre, de Londres à New York, de Winnipeg à Montréal en passant par Ottawa, de l'Arctique au lac Memphrémagog, et d'y faire les quatre cents coups. À une époque où toutes les grandeurs sont menacées par la banalisation médiatique et les méfiances de toutes sortes, la vulgarité, une vulgarité radicale, appuyée, enthousiaste comme celle de Richler demeure un des seuls moyens d'aller chercher, derrière les apparences, quelque chose d'un peu humain. Elle déchire l'écran du téléviseur ; elle fait toucher, comme le dirait Lautréamont, « des branches ascendantes d'aorte et des capsules surrénales ». Les Gursky de Mordecai Richler sont de joyeux bandits. Mais, croyez-le ou non, ce sont eux qui ont vraiment créé le Canada. Il y a plusieurs Canadas, comme chacun sait. Celui de Jacques Cartier. Celui de Lord Durham. Celui d'Ovide Mercredi. Le Canada des Gursky, qui commence dans l'Arctique où l'ancêtre Éphraïm survit à l'expédition Franklin, n'est pas le moins authentique. Ni le moins coloré, bien entendu, ni le moins drôle. Lisez le premier chapitre du roman, où Éphraïm arrive en traîneau à chiens à Magog, au milieu du XIXe siècle, sur le lac gelé, suivi de son corbeau tutélaire. Il ne s'est peut-être rien écrit de plus étonnant, de plus grandiose et de plus comique à la fois, au cours des dernières décennies. Les Latino-Américains ont de la concurrence.

Il y a un os. Petit ou gros, c'est selon. Je suis un peu gêné d'en parler, je me sens un peu mesquin, mais allons, je n'aurai pas la digestion tranquille tant que je ne l'aurai pas dégorgé. Parmi la faune nombreuse qui entoure les Gursky, on rencontre de temps à autre un Canadien français, un Québécois francophone né natif. Ce n'est généralement pas quelqu'un de très intéressant. Un fonctionnaire fédéral plutôt marron. Un juge très complaisant. Quelqu'un, quelque part, parlera de « *French Canadian unrest* », comme dans les romans coloniaux anglais on parlait autrefois de « *native unrest* ». On peut soutenir avec quelque apparence de raison que, parmi les ethnies représentées dans le roman, l'indienne, la chinoise, la britannique, la juive et quelques autres, la québécoise francophone obtient la palme, non pas du martyre mais de l'insignifiance. Je sais, je sais. Un romancier n'est obligé de parler que de ce qui se trouve dans son collimateur, et jamais, semble-t-il, le collimateur Richler n'est tombé sur un Québécois francophone de quelque intérêt. On peut d'ailleurs revendiquer, pour le romancier, le droit à l'injustice, voire au mépris, puisqu'on lui reconnaît le droit à la passion. Cela dit, ma foi, un roman n'est pas qu'un roman, il existe aussi à l'extérieur de l'ordre romanesque, de la passion romanesque, il est un signe entre autres de la *raison sociale*, et quand je sors du roman de Richler je ne peux m'empêcher d'être un peu songeur. Je me demande ce qui fait que, dans le système Richler, je (en tant que Québécois et cetera) n'arrive pas à exister, à apparaître, à être vu. La question n'est sans doute pas importante pour tous les lecteurs. Elle l'est pour moi.

Et elle est, ces temps-ci, assez souvent réitérée par l'actualité artistique. Je suis allé voir l'autre jour la biographie filmée de Norman Bethune, le célèbre médecin canadien-anglais qui est devenu une véritable légende dans la Chine de Mao (*Bethune*, 1990). Je l'avais rencontré brièvement, autrefois, dans le beau roman de Hugh McLennan (qui est mort il y a quelques années, et je le salue bien bas : c'était un homme de qualité), *The Watch that Ends the Night*, et je n'en avais pas conservé un souvenir très net. Le cinéma en fait un splendide personnage, grâce à Donald Sutherland, qui n'est pas seulement le *supporter* numéro 1 des Expos, ce qui est un mérite considérable, mais aussi un des plus grands comédiens de ce temps, un des rares qui soient capables de créer vraiment quelque chose à l'écran. Un personnage, donc. Un personnage ambigu, avec des profondeurs, des énigmes ; fasciné par la mort, et la poursuivant dans la guerre d'Espagne puis dans celle de Chine, mais utilisant pour ainsi dire cette trouble passion pour sauver des vies humaines ; égotiste et généreux à la fois, impossible à vivre et extrêmement attachant, fidèle et coureur de jupons, ivrogne et responsable. Un homme, au total, dont la seule chose qui puisse être dite avec certitude, c'est qu'il est vivant, terriblement vivant. Le film, structurellement, n'est pas sans défaut ; peu m'importe, il y a ce personnage, et quelques images spectaculaires de l'immensité chinoise. Vers la fin, le personnel médical doit transporter ses pénates ailleurs, à cause des attaques japonaises, et l'on s'affaire autour de Bethune-Sutherland, malade, condamné à mourir bientôt. Il est assis au pied d'un arbre. Chacun des infirmiers et des soldats, passant près de lui, lui pose une main sur l'épaule. Un faible sourire apparaît sur ses lèvres, et il dit à son interprète, son ami : Je suis parfaitement, je suis complètement heureux, parce que je fais ici ce que je veux faire, ce que j'ai toujours voulu faire ; et, en plus, on me traite avec la plus exquise courtoisie… Un homme totalement accordé à son action, à sa vie, je ne connais rien de plus beau. La révolution pour laquelle Norman Bethune est mort a débouché sur Tien-An-Men. On est heureux pour lui qu'il ne l'ait pas su.

Vous ne me voyez pas venir, non. Vous n'imaginez pas ce que je vais dire, et qui n'a presque aucun rapport avec l'essentiel du beau film que je viens de voir, mais qui s'y trouve quand même. Norman Bethune a pratiqué la médecine pendant plusieurs années à Montréal, notamment à l'hôpital de Cartierville. On le voit, faisant la visite des malades dans un hôpital où il y a des infirmières laïques, mais aussi des religieuses. Il s'attarde auprès du lit d'une fillette d'une douzaine d'années, condamnée, et qui s'en doute. Le médecin ne peut que confirmer ; et il la serre dans ses bras. C'est une scène très belle, émouvante sans mauvais pathos. Et je me sens bête, oui bête, en la regardant, de penser à autre chose. Dans cet hôpital où vraisemblablement les francophones sont en majorité, l'infirmière, la petite malade et Bethune lui-même, évidemment, parlent tous anglais comme s'il n'existait à Montréal aucune autre langue. Les Chinois, dans le film, ont une langue, les Espagnols en ont une, ou du moins un accent ; les Canadiens français, non. La question ne se pose pas. Dans le roman de Mordecai Richler, j'étais à peu près invisible ; dans *Bethune,* je suis inaudible.

L'héroïne du roman de Francine Noël, *Babel, prise deux,* qui s'appelle Fatima Gagné, souffre beaucoup de n'être pas regardée par les hassidiques quand elle les croise dans son quartier d'Outremont. Elle soupçonne que leur religion leur interdit d'entrer familièrement en contact avec elle, mais cela ne diminue pas la sorte d'horreur qu'elle éprouve de n'avoir aucune existence à leurs yeux. Mais à la fin, par on ne sait quel miracle : « Il faisait doux cet après-midi, j'étais au coin de la rue, à contempler un magnifique 101 sur fond rouge, quand j'ai aperçu la grand-mère hassidique d'à côté. Elle rentrait chez elle avec son cabas. Elle était seule. Je lui ai souri comme d'habitude et c'est alors que quelque chose s'est produit : Elle m'a souri ! En me regardant dans les yeux. Mais vraiment souri ! Puis, elle a passé son chemin. » J'en étais là, parfois, en lisant le roman, en regardant le film ; j'espérais un geste de reconnaissance qui ne venait pas, qui ne pouvait pas venir. J'assistais, un peu désolé, à ma propre disparition.

Je ne sais trop comment conclure cette suite d'observations. Je pourrais décider de faire l'indépendance du Québec, convaincu qu'une telle proclamation me rendrait enfin visible et audible (ironie) ; je pourrais, si j'en avais le courage, prendre un fusil ou poser des bombes, comme l'ont fait quelques terroristes en 1970, pour des motifs qui ne sont pas fondamentalement différents des miens (ironie, bis) ; je pourrais encore, plus dramatiquement, écrire une lettre à Mordecai Richler et une autre au réalisateur de *Bethune* pour protester contre leur indifférence et leur demander de faire attention la prochaine fois s'il vous plaît (ironie, toujours). On sombre aisément dans le ridicule, quand on traverse une telle épreuve. Il va sans dire qu'aucune des solutions présentées plus haut n'est compatible avec la lecture, la vraie lecture. Celle-ci demande d'abord que, loin de faire abstraction de ce qui me gêne dans ces deux œuvres, de l'oublier ou de faire semblant, j'accuse le coup et j'en reconnaisse la part de vérité. Il est vrai que, du point de vue Gursky, les Canadiens français ne constituent pas et ne peuvent pas constituer la race la plus intéressante de l'univers. Il est également vrai que, sous le regard décapant d'un Norman Bethune, tout préoccupé de révolution universelle, l'existence à Montréal de la langue française n'est qu'un épiphénomène. Mais il faut être un *fort lecteur* — au sens peut-être où Harold Bloom parle du *strong poet*, du *strong critic* — pour lire vraiment, sans restrictions, un roman qui exile votre propre collectivité dans l'insignifiance. On ne lit toujours que de l'étranger ; lire, ce n'est pas se conforter dans le même, c'est s'*écarter*, accepter de ne pas se reconnaître, de n'être plus reconnaissable. À ce titre, le *Solomon Gursky* de Richler offre au Montréalais francophone un des plus rudes et des plus utiles exercices de lecture qui soient.

* * *

Le texte qui précède, je l'ai écrit sur un coup de tête — ou, plutôt, d'émotion —, après avoir lu *Solomon Gursky Was Here* et vu *Bethune*, sans savoir à quelle publication je l'offrirais ; il a paru, à peu près dans la forme où je le reproduis mais sous un titre différent, « La race invisible », dans *L'Actualité* de février 1991. Cette émotion, devrais-je aujourd'hui la critiquer, la récuser, la renvoyer au débarras des coups de cœur hystériques ? Un lecteur canadien-anglais m'a écrit, après la parution, une lettre pleine d'impatience, où il disait à peu près ceci : vivement qu'on fasse l'indépendance du Québec, pour que nous n'ayons plus à lire des articles comme celui-ci, inspirés par la lamentation nationaliste, et qu'on puisse enfin parler paisiblement de littérature. Il se trompait, je pense. L'indépendance ne ferait pas disparaître l'émotion nationaliste, et le Richler nouveau ne serait pas mieux reçu, compris, accepté dans un « Québec libre », toujours en état de défense contre ses ennemis de l'extérieur et de l'intérieur, ceux-ci infiniment plus dangereux que ceux-là, que son *Solomon Gursky* et ses articles du *New Yorker*. Ce lecteur se trompait également quant au sens de mon article. Mais peut-être ne m'étais-je pas exprimé assez clairement. D'où les notes qui suivent, issues d'une relecture du roman. Il y aura quelques répétitions. Il est parfois utile de répéter.

L'émotion, d'abord. Plus précisément, le sentiment d'exclusion ou d'inexistence que j'ai ressenti à la lecture du roman de Richler — entre deux éclats de rire, entre deux moments d'adhésion profonde — et qui a gêné le lecteur canadien-anglais comme, je l'ai souligné assez fortement, il m'a gêné moi-même. Devrais-je le censurer, maintenant que j'ai réfléchi un peu, le tenir pour rien, ou pour un simple empêcheur de lire en rond ? Mais le refoulement, comme l'a montré le docteur Freud, n'est pas une opération rentable. J'ai donc été, oui, peiné lorsque, en lisant *Solomon Gursky Was Here,* roman montréalais entre tous les romans montréalais, j'ai constaté le peu de place qu'y occupait le Montréalais francophone. Je retrouvais là l'impression pénible que j'ai éprouvée tant de fois depuis que je vis dans la métropole, celle de ne pas exister dans tels quartiers, tels établissements de cette ville, de ne pouvoir y être reçu dans ma langue, avec ma culture propre, de m'y sentir étranger. Cela m'arrive beaucoup moins souvent qu'il y a une quarantaine d'années, lorsque je suis arrivé à Montréal, mais l'accumulation des occurrences a marqué ma sensibilité : c'est devenu, presque, une affaire de peau, malgré tous les beaux raisonnements que je n'ai cessé de me faire, malgré un intérêt de plus en plus marqué pour le Montréal anglais, malgré la conviction que la langue, la culture anglaises ont droit de cité dans ma ville. Il s'agit donc d'une réaction épidermique, tribale si l'on veut, dont je ne tire pas gloire mais qui ne me plonge pas non plus dans la honte, et qui a quelque raison d'être. Le soupçon de mépris que je perçois dans le roman de Mordecai Richler, et qui prendra des proportions plus considérables dans ses articles du *New Yorker,* répercute un sentiment plus ou moins diffus qu'on peut retrouver dans les médias anglophones de Montréal, de la *Gazette* au *Suburban,* du Canal 6 au Canal 12. Il me fâche parfois ; il me fâche d'autant plus que, sur plusieurs points, je suis d'accord avec certains d'entre eux lorsqu'ils admonestent la collectivité francophone, les Québécois pure laine. Voyez mon *prédicament,* comme on dit chez les Anglos : souvent en état de légitime défense, prêt à courir aux barricades; souvent complice de l'ennemi, partageant sa vision des choses. Je suis un Canadien français de Montréal.

Ce sont là des sentiments primaires (vous notez que je suis passé au pluriel, et c'est dire que ça se complique), mais dont je ne puis faire l'économie quand j'essaie de comprendre ma réaction — ou un des aspects de ma réaction — au roman de Richler. Ils me situent. Je n'ai rien lu de pareil, évidemment, dans les articles qui ont été consacrés à *Solomon Gursky* aux États-Unis ou en France. Ma réaction est donc provinciale, au sens affreux du mot. *So be it.* Lorsqu'on se trouve dans une situation désagréable, je tiens qu'il n'y a qu'une chose à faire, c'est de l'aggraver. Je relis donc le roman, en y relevant les signes de mon exclusion. (*Mon* exclusion ? Je plaque ici mon identité collective, culturelle, sur mon identité personnelle, et c'est là une opération qu'intellectuellement je n'approuve pas, mais vous aurez sans doute déjà compris que je plonge résolument, avec peu de précautions, dans les marécages de la sentimentalité ethnique.) Cette exclusion n'est d'ailleurs pas entière, et c'est par là qu'elle devient manifeste. Il y en a, du Canadien français, dans le roman de Richler.

Il apparaît en premier lieu comme un élément de décor, purement folklorique, dans une somptueuse fête pour enfants qui a lieu chez les Gursky : « Il y avait des accordéonistes ambulants et des violoneux joyeux drilles, des Canadiens français vêtus comme les trappeurs d'autrefois. » La deuxième occurrence est du même genre, mais un peu plus scabreuse : dans un club appelé la Vénus de Milo, « de pulpeuses hôtesses à peine vêtues originaires de Chicoutimi ou de Sept-Îles faisaient du strip-tease ». Les Canadiens français appartiennent à l'ordre du spectacle. On n'évitera pas de penser à Hubert Aquin écrivant, dans « Profession : écrivain » : « L'important est-il que je sois doué pour les arts ? Non, mais de savoir que je suis doué pour les arts du fait même que je suis dominé, que tout mon peuple est dominé et que son dominateur l'aime bien tzigane, chantant, artiste jusqu'au bout des doigts… »

Puis le roman oublie l'*élément francophone* pendant soixante-quinze pages. Il va reparaître, brièvement, dans une énumération de portée généralisante : « Fidèle à son habitude, M. Bernard descendit en trombe de sa limousine avec chauffeur à huit heures moins dix du matin, maudissant la pluie battante, le problème encore à résoudre des nombreux postes à pourvoir dans son dernier centre commercial de Montréal, les lourdes pertes dues à l'agitation des Canadiens français, les fluctuations de la livre sterling… » L'expression ne manque pas de surprendre un peu, étendant à l'ensemble des Canadiens français des actions (lesquelles ? ce n'est pas clair) qui ne sont évidemment pas le fait de la collectivité. L'expression anglaise, « *French-Canadian unrest* », qui reviendra d'ailleurs plusieurs pages plus loin, est plus fortement évocatrice : on pense aussitôt à l'expression « *native unrest* », lue dans on ne sait combien de romans coloniaux, où des officiers anglais bien vêtus parlent de tribus indociles. En toute justice, observons que l'expression est attribuée, par voie indirecte, à Monsieur Bernard lui-même, dont les préjugés sont souvent soulignés par le narrateur.

Voici, tout de même, quelques noms propres. Ils apparaissent au cours de la réception de mariage d'Anita Gursky, au Ritz Carlton. C'est bref, mais chargé de sens. « Ne te retourne pas, lui dit-elle [c'est Betty Schwartz qui parle à Harvey], mais les Côté viennent d'arriver. Ils ont la tête de gens qui trouvent que ça sent le gaz. » (Le texte anglais dit : « *like they smelled something bad* » ; c'est le traducteur qui introduit, frauduleusement, l'allusion aux chambres à gaz.) Antisémites, donc, les Côté… Autre petite scène, au cours de la même réception :

> Georges Ducharme, le grassouillet parlementaire attaché au ministre des Transports, fit un clin d'œil à Mimi Boisvert.

— Je tiens à être le premier à danser un boogie-woogie avec la femme du rabbin.

— Tais-toi, Georges, lui dit-elle en français.

— Ne parle pas ce langage de paysans ici. Parle yiddish.

Il y a de l'hostilité dans l'air... C'est le ton des batailles de rues entre petits Juifs et petits Canadiens français, rue Saint-Urbain, transposé à l'âge adulte et dans les beaux quartiers. Le mépris, de part et d'autre, est flagrant. Mais à ces duels à fleurets mouchetés, Monsieur Bernard, le grand patron des entreprises Gursky, préfère l'attaque directe. Voici comment il s'exprime, lorsqu'il parle à des journalistes de *Fortune* ou du *Wall Street Journal*: « Les Français ? Plus ils prennent un air supérieur, plus ils se parfument, et plus il y a de risques que leur arrière-grand-mère ait été une *fille du roi*, une de ces prostituées exilées par ordre du roi pour qu'elles épousent un soldat et fassent vingt-cinq gosses avant la quarantaine. » On croirait lire un article de Mordecai Richler dans le *New Yorker* !... Bernard Gursky, Mordecai Richler, même combat ? Mais si le romancier prête à son personnage des propos qui pourraient être les siens, ils deviennent, dans sa bouche, si manifestement excessifs, outranciers, qu'ils apparaissent très clairement comme un ramassis de préjugés. Tout se passe comme si le roman ne pouvait que relativiser le discours du polémiste, le rendre indirect, discutable, peu sûr. Comme si le Mordecai Richler du roman, en utilisant les mêmes discours, répondait d'avance (puisque le roman, semble-t-il, a été écrit avant les articles) au Mordecai Richler journaliste. J'aurai à me demander si cette mise en contexte romanesque des textes polémiques modifie de la même façon tous ceux qui apparaissent dans *Solomon Gursky*. Je note dès maintenant qu'en principe, la réponse devrait être affirmative.

Je continue de relire *Solomon Gursky*, et je me sens un peu honteux de recueillir ainsi dans ce grand roman des notations qui, bien entendu, n'auraient aucun intérêt pour un lecteur de France, d'Allemagne ou du Pakistan oriental. Mais le narrateur me provoque, il ne cesse pas de me provoquer ! Il citera même, à la manière de certain collaborateur du *New Yorker*, un éditorial du *Devoir*, pour accuser ce journal d'antisémitisme. Il rappellera une pétition présentée au Parlement par Wilfred Lacroix, député libéral, une pétition signée par cent vingt mille membres de la Société Saint-Jean-Baptiste, et s'opposant à « toute immigration et surtout à l'immigration juive au Québec ». Plus on avance dans le roman, plus la charge s'alourdit, se précise. On n'en est plus à considérer les Canadiens français comme d'inoffensifs saltimbanques, une simple couleur dans la mosaïque montréalaise. (« On a tous les genres ici : Canadiens français, polaques, macaronis, Juifs, Hongrois, négros, j'en passe et des meilleurs. ») Le Canadien français — il se présente désormais au singulier — devient un être détestable, digne de mépris : Monsieur Raymond Morin, propriétaire d'un hôtel à Sainte-Adèle, qui en interdit l'accès à Solomon Gursky (la famille, un peu plus tard, achètera l'établissement !) ; Jules-Omer Bouchard, fonctionnaire fédéral qui, entre autres méfaits, exploite honteusement un grand peintre nommé Martineau (?), admiré par Bernard Gursky ; le juge Leclerc, anglicisé jusqu'à la moelle, que le même Bernard Gursky utilise comme un vulgaire instrument de pouvoir… Il ne s'agit là, dans la fresque romanesque tissée par Richler, que de comparses, de figurants ; ils n'ont aucune personnalité véritable, ils n'ont d'existence qu'ethnique. Ce sont, typiquement, des Canadiens français. C'est à ce titre, et non pas à cause de telle disposition particulière, personnelle, qu'ils sont déclarés médiocres, peu intéressants. Cette fois, c'est la voix narrative qui parle, et non pas celle de Monsieur Bernard.

Une autre voix, celle de l'Irlandais Callaghan, présentera les choses d'une façon un peu différente, mettant Canadiens français et Juifs dans le même panier — ce que ne pouvait faire Monsieur Bernard :

> Voyons les choses en face : le Canada est moins un pays qu'un réservoir plein de la progéniture aigrie de peuples vaincus. Canadiens français qui se détruisent à trop s'apitoyer sur eux-mêmes ; descendants d'Écossais ayant fui le duc de Cumberland ; les Irlandais, la famine ; et les Juifs, les pogroms. Et puis ces paysans d'Ukraine, de Pologne, d'Italie, de Grèce, tout juste bons à cultiver le blé, extraire du minerai, manier le marteau, tenir des restaurants et faire là où on leur dit de faire. La plupart d'entre nous sommes encore amassés le long de la frontière, à lécher la vitrine du marchand de bonbons...

Autre point de vue, celui de l'Anglais Moffat, représentant la vieille aristocratie ploutocrate de Montréal :

> Puis, cédant à la nostalgie, Moffat évoqua le bon vieux temps, celui où l'Administration était encore de leur côté. Et non pas mal gérée par des Canadiens français lavés et essorés par la LSE ou la Harvard Business School. Ou encore par des Juifs aux dents longues sortis du North End de Winnipeg.

Solomon Gursky Was Here, faut-il le rappeler, est un roman satirique, polémique, où aucune ethnie n'est à l'abri des coups de boutoir du romancier. On remarquera seulement que les Canadiens français, quel que soit le point de vue, celui de la voix narrative générale ou celui de tel personnage, qu'ils soient la seule cible de l'attaque ou qu'ils la partagent avec d'autres ethnies, occupent toujours, infailliblement, le mauvais côté de l'opinion. La dernière charge, celle de l'Anglais Moffat, semble constituer une exception à la règle, puisque le Canadien français et le Juif, conspués par un ennemi commun, le WASP, qui semble voué aux gémonies par l'ensemble du roman, en reçoivent quelque honneur romanesque. Mais, dans le mépris où ils sont tenus par l'Autre, ils ne sont pas égaux ; le Juif, on le voit par quelques exemples disséminés dans le roman, est en mesure d'acheter les deux autres. Il ne vaut peut-être pas mieux, mais il vaut plus. Dans cet univers gouverné par un mépris auquel lui-même n'échappe pas, c'est lui qui méprise avec le plus d'entrain, le plus de talent.

Est-ce à dire qu'un tel sentiment l'assure d'une supériorité réelle, lui donne la certitude d'une existence indiscutable ? L'éminence des Gursky se déclare, au contraire, extrêmement fragile, fondée moins sur l'argent, la puissance matérielle, que sur l'imaginaire. Le plus vrai Gursky n'est pas Monsieur Bernard, mais ce Solomon dont on ne sait s'il est mort ou s'il vit encore, associé mythiquement, comme le Zelig de Woody Allen, à tous les personnages célèbres et à tous les événements décisifs de la deuxième moitié du siècle. Solomon est l'ombre, la face cachée de Monsieur Bernard, sa part essentielle d'irréalité. Plus significative encore, du point de vue qui m'occupe depuis le début de ces notes, est la manœuvre de détournement effectuée par le roman sur la fondation — c'est-à-dire le fondement même — du pays, le Canada. Il s'agit d'une véritable usurpation, présentée comme telle, mais dotée de l'irrépressible nécessité du désir. Jacques Cartier ? Il est évoqué une fois, lorsque le narrateur, roulant au-delà de Trois-Pistoles, déplore l'enlaidissement du paysage par la descendance canadienne-française. Mais ce n'est pas Cartier qui est le véritable fondateur du Canada — et me voici encore, moi lecteur francophone né natif, privé d'existence, d'ascendance, de légitimité. « Ma famille était installée ici avant même que le Canada soit un pays, déclare Bernard Gursky le milliardaire. Nous sommes plus vieux que le Canada, que dites-vous de celle-là ? » Il est vrai que cette famille plus ancienne, plus fondatrice que la fondation même, n'est pas la plus honorable ; mais c'est précisément parce qu'elle n'est pas honorable, parce qu'elle grouille dans les trafics matériels et spirituels les plus douteux, qu'elle mérite, dans la perspective richlerienne, d'occuper l'origine. L'ancêtre, l'ancêtre majeur, absolu, s'appelle Éphraïm, et « ce vieux filou, dit Bernard Gursky, eh bien il n'a pas fait un seul travail honnête de sa vie ». Il est arrivé dans le

Grand Nord, semble-t-il — rien n'est tout à fait sûr dans la saga Gursky —, avec l'expédition Franklin, au milieu du XIXe siècle, dont on raconte que quelques membres survécurent en mangeant des collègues. Il fonda, là-haut, une secte millénariste qui, entre autres privilèges, lui donnait celui de recevoir tour à tour dans son iglou toutes les femmes esquimaudes du village. On le reverra plus tard dans l'Ouest canadien, puis dans les Cantons de l'Est (région qu'habitera Mordecai Richler lui-même), où il montera quelques opérations commerciales plus que douteuses. Je n'oublie pas le corbeau. Le corbeau qui l'accompagne toujours, le corbeau qui, dit Sir Hyman, « existait depuis toujours et existerait toujours » : « Au commencement était le corbeau ». En réalité, Éphraïm Gursky, l'ancêtre, le premier Canadien, *est* le corbeau : volatile méprisé mais souverain, oiseau de malheur et de vie, increvable prophète.

Ce n'est donc pas à partir d'une supériorité morale, d'un privilège historique indiscutable, que le roman de Mordecai Richler distribue ses jugements, ou plutôt ses *baffes*, à droite et à gauche. Son point de vue est celui du corbeau, profondément ambigu, d'une ambiguïté nourrie par l'humour. « L'humour, dit Octavio Paz, est une *invention* liée à la naissance du roman », et qui « rend tout ce qu'il touche ambigu ». Milan Kundera, qui cite ce texte dans *Les Testaments trahis*, donne l'exemple d'une telle ambiguïté chez Rabelais :

> Madame Grandgousier, enceinte, mangea trop de tripes, si bien qu'on dut lui administrer un astringent ; il était si fort que les lobes placentaires se relâchèrent, le fœtus Gargantua glissa dans une veine, monta et sortit par l'oreille de sa maman. Dès les premières phrases, le livre abat ses cartes : ce qu'on raconte ici n'est pas sérieux : ce qui veut dire : ici, on n'affirme pas des vérités (scientifiques ou mythiques) ; on ne s'engage pas à donner une description des faits tels qu'ils sont en réalité.

Cela ne signifie pas que le roman soit pure fantaisie, qu'il n'ait rien de sérieux à dire, qu'il ne nourrisse pas son lecteur, voire que ses descriptions ou ses jugements soient sans rapport avec la vie réelle. Les docteurs de la Sorbonne avaient quelques raisons de ne pas apprécier les bordées que leur lançait Rabelais... L'ambiguïté multiplie les sens, ou les possibilités de sens ; elle ne les annule pas. Il reste quelque chose des dénonciations new-yorkaises de Mordecai Richler dans *Solomon Gursky Was Here.* Mais, sous l'œil du corbeau, dans le discours du corbeau, elles subissent une transformation radicale, elles veulent dire ou suggérer autre chose, qui est peut-être l'insignifiance des ethnies, de toutes les ethnies, par rapport au grand jeu de vie et de mort qui est le lot des humains.

Note bibliographique

Les textes qui composent ce volume ont déjà paru, sous des titres souvent différents, dans diverses publications. Ils ont été, dans certains cas, assez profondément modifiés.

J'arrive en ville… (« J'arrive en ville », *Vice Versa* [Montréal], n° 24, juin 1988).

… mais Montréal existe-t-il ? (« Montréal : désir d'une ville », *Berlin à Montréal*, Montréal, VLB, 1991).

Ville inachevée, ville moderne (« Montréal métonymique », *Montréal 1642-1992. Le grand passage*, Montréal, XYZ, 1994).

Au centre, la *Main* (« La tentation de la "Main" », *Montréal, mégalopole littéraire*, Bruxelles, Université libre de Bruxelles, 1992).

Que sont les cent clochers devenus ? (« Ville, texte, sacré », *Société, culture et religion à Montréal : XIXe-XXe siècle*, Montréal, VLB, 1994).

Quand la littérature arrivait à Montréal (« La littérature arrive à Montréal », *Montréal au* XIXe *siècle,* Montréal, Leméac, 1990).

Flâner rue Notre-Dame, en 1862 (« Un flâneur, rue Notre-Dame, *Études françaises* [Montréal], vol. XXVII, n° 3, 1992).

Rimbaud, lecteur de la ville (« Une ville nommée Rimbaud », *Études françaises* [Montréal], vol. XXVII, n° 1, 1991).

Bonheur d'occasion **: le réalisme, la ville** (« *Bonheur d'occasion* et le grand réalisme », *Voix et Images* [Montréal], n° 42, 1989).

Le temps du ***Matou*** (« Le temps du *Matou* », *Paragraphes* [Montréal], n° 2, 1989).

L'œil du corbeau (« La race invisible », *L'Actualité* [Montréal], février 1991).

Index des noms d'auteurs

Table des matières

Collection « Papiers collés »
dirigée par François Ricard

Jacques Allard
Traverses

Rolande Allard-Lacerte
La Chanson de Rolande

Bernard Arcand et Serge Bouchard
Quinze lieux communs
De nouveaux lieux communs
Du pâté chinois, du baseball et autres lieux communs
De la fin du mâle, de l'emballage et autres lieux communs

Gilles Archambault
Le Regard oblique
Chroniques matinales
Nouvelles chroniques matinales
Dernières chroniques matinales
Les Plaisirs de la mélancolie (nouvelle édition)

André Belleau
Surprendre les voix
Notre Rabelais

Yvon Bernier
En mémoire d'une souveraine : Marguerite Yourcenar

Lise Bissonnette
La Passion du présent

Jacques Brault
La Poussière du chemin
Ô saisons, ô châteaux
Chemin faisant (nouvelle édition)

André Brochu
La Visée critique

Fernand Dumont
Raisons communes

Jean-Pierre Duquette
L'Espace du regard

Lysiane Gagnon
Chroniques politiques

Jacques Godbout
Le Murmure marchand
L'Écran du bonheur
Le Réformiste (nouvelle édition)

Suzanne Jacob
Ah... !

Judith Jasmin
Défense de la liberté

Jean-Paul L'Allier
Les Années qui viennent

Jean Larose
La Petite Noirceur
L'Amour du pauvre

Robert Lévesque
La Liberté de blâmer

Jean-François Lisée
Carrefours Amérique

Catherine Lord
Réalités de femmes

Gilles Marcotte
L'Amateur de musique

Pierre Nepveu
L'Écologie du réel

François Ricard
La Littérature contre elle-même

Yvon Rivard
Le Bout cassé de tous les chemins

Georges-André Vachon
Une tradition à inventer

Pierre Vadeboncoeur
Essais inactuels

MISE EN PAGES ET TYPOGRAPHIE :
LES ÉDITIONS DU BORÉAL

ACHEVÉ D'IMPRIMER EN OCTOBRE 1997
SUR LES PRESSES DE L'IMPRIMERIE AGMV MARQUIS,
À CAP-SAINT-IGNACE (QUÉBEC).